Joseph Anton Henke
(1892-1917)
Finnentrop-Frettermühle

Gesammelte Werke

Joseph Anton Henke (1892-1917)
Finnentrop-Frettermühle

Gesammelte Werke

Herausgegeben
von Peter Bürger

Ein Editionsprojekt zur
Mundartliteraturgeschichte aus dem
Christine Koch-Mundartarchiv
am Museum Eslohe

© 2017 Bearbeiter

Joseph Anton Henke
(1892-1917)
Finnentrop-Frettermühle:
Gesammelte Werke.

Herausgegeben von Peter Bürger.

Ein Editionsprojekt zur
Mundartliteraturgeschichte aus dem
Christine Koch-Mundartarchiv am Museum Eslohe.

Satz & Gestaltung: www.sauerlandmundart.de
Herstellung & Verlag: BoD – Books on Demand, Norderstedt
ISBN: 978-3-7431-1229-2

Inhalt

I. Einleitung:
Dichterleben im Menschenschlachthaus

Peter Bürger
Leben und Werk von Joseph Anton Henke (1892-1917)   13

Elternhaus und Schulzeit   14
„Studien" in Köln und Ambitionen als Dichter   21
Die Rückkehr des „Einsiedlers":
Ein Melancholiker und verkannter Lyriker   26
„Sauerländische Volkspoesie": Heimatbewegtheit und
rückwärtsgewandte Zivilisationskritik   30
Plattdeutsche Schwankprosa   37
Hochdeutsche Prosaskizzen   38
Kriegstrunkene Lyrik 1915/1916:
„Mit Blumen, Blei und Liedern"   41
Im Rachen der Mordmaschine:
Henkes späte Gedichte für die Schwester   49
Ansätze zu einer überzeugenden Mundartlyrik   54
Anmerkungen zum Nachlaß und zu dieser Edition   59

Helmut Donat
Weihnachten und der Widersinn des Krieges   63

Weihnachten 1914 an der Westfront   64
Was veranlasst Soldaten, mit dem Feind zu fraternisieren?   65
Der ganze Krieg war widersinnig   66
Posten halten rund um die Kirche Wache   67
Der Leidensweg, den die Menschheit gehen muss   69

Peter Bürger
„ERNSTFALL FRIEDEN –
LEHREN AUS DER DEUTSCHEN GESCHICHTE"
Über ein neues Werk von Wolfram Wette   71
Wer von den beiden Weltkriegen spricht,
kann vom preußischen Militarismus nicht schweigen   72
Unter welchem Vorzeichen soll das Gedenkjahr 2018
vorbereitet werden?   74
Pazifistisches Zeugnis in Wort und Bild   76
Ein Nachtrag zur Aufgabenstellung: „... die bürgerliche
Gesellschaft vor sich selbst zu retten"   78

II. „SAUERLÄNDISCHE VOLKSPOESIE"
[1913]

Zum Geleit   83
„Draußen im Winterwalde ..." [Begleittext o.T.]   83
„Um die Mitte des verflossenen Jahrhunderts ging
ein Raunen ..." [Begleittext o.T.]   86
[Wiegenlieder]   89
[Abzählreime]   90
Spiellieder und -reime   91
[Spott- und Scherzreime]   92
[Sonnevogeljagen]   96
[Flötepfeifen- und Hermannslied]   97
[Kinderreime und das prahlende Mädchen]   99
Wie die Tiere sprechen   100
Scherzfragen und Rätsel   101
[Reimgeklingel - Spruchweisheit]   105
Verschiedenes   107
Inschriften   109
Volkslieder   114
Literaturkritisches
[Nachbemerkungen]   121

III. GEDICHTE IN SAUERLÄNDISCHER MUNDART

Min Duarp (Nachlasshandschrift)	125
Meyn Duarp (Trutznachtigall-Fassung 1922)	127
Meyn Duarp (Vertonung von Georg Nellius)	129
Ein Druck des Liedes „Meyn Duarp" von 1960	130
„Im Wienholte ..." (o.T.)	131
Im Weyenholte (Trutznachtigall-Fassung 1923)	131
Sprüicke I-III	132
Wiärümme nit? [mit Handschrift]	134
Plattduitsk-Unterricht im Hiemmel	136
Sauerl[ändische] Volkspoesie!	140

IV. SCHWANKPROSA IN SAUERLÄNDISCHER MUNDART

Zum Geleit [Vorwort zu einem unbekannten Werk „Owendröet"]	143
Taihn Mark mehr	144
Morgenstund hat Gold im Mund	145
„Klinkhamers Odolf ..." (o.T.)	146
Saat wuahl, awer ...	147
Iut dr Schaule	147
En Pinneken	148
Wann me kainen Haut oppe hiät ...	148
„Ik mein ..." (Fassung A)	148
„Ik mein ..." (Fassung B)	149
En gans Klauker	151

V. HOCHDEUTSCHE PROSASKIZZEN AUS DEM NACHLASS

Ein modernes Märchen	155
Der Einsiedler	158
Der rote Jörg	163
Die Weihnachtsglocken [unvollendeter Entwurf]	168
Schafft ein sauerländisches Volkstheater! [Fragment]	172

VI. HOCHDEUTSCHE GEDICHTE AUS ZEITSCHRIFTEN

Am Meer	175
Kornblumenkranz	175
Wer weiß, wo …	175
Sonnwendtag	176
Vor den Toren	176
Glück	177
Manchmal	178
Gewitterahnung	178
Der Jugend Ruf	179
Fliegerlied	179
Die Entgleisten	181
In Fron	181
An stillen Abenden …	182
Pußtafahrt	182
Soldatenlied	183
Wir	183
Am Rande	184
Die schöne Zeit	185
Erlöschende Eigenart	185
Wir kommen	186
Leben	188
Schicksal	188
Die zagen Tage	189
Die Heimaterde	189
„Selber mitten aus dem Volke …" (o.T.)	190
„Den Felsen, den ich stolz als Kind erstiegen" (o.T.)	191
Gott	192
Mein Engel	192

VII. DIE HOCHDEUTSCHE KRIEGSGEDICHTESAMMLUNG „MIT BLUMEN, BLEI UND LIEDERN" (1916)

„Mit Blumen, Blei und Liedern" (o.T.)	195
Der Krieg und wir	195
Unser Sehnen	196

Freunde – Brüder	197
Und nun …?	197
Wilna	198
Glocken im Krieg	199
Sumpfposten	199
Vision	200
Die Birkenbäumer Schlacht	200
Grüß Gott!	201
Soldaten träumen	202
Wenn die Zeit bannt …	202
Krieg im Nebel	204

VIII. Die Gedichtesammlung „Meiner Schwester Maria!"
(Mai 1916)
Aus dem Nachlass

Weckruf!	207
„Fern gehen dumpf Geschütze" (o.T.)	207
Er fiel	208
Der Obdachlose	208
Maria im Schützengraben	209
„Wir tauschen mit euch Ärmsten gern" (o.T.)	210
Reiterlied	211
Wenn die Kanonen schweigen	212
„Der Himmel senkt die Fahnen nieder" (o.T.)	212
Heimse ein!	213
Den Dichtern	214
Glück	214
Bildchen	215
Abend	215
Kinder im Mai	216
Das Volk betet	216

IX. Weitere Texte
aus dem handschriftlichen Nachlass

„Kleine Lieder" (o.T.)	219
Nach dem Theater	219
Sentenzen (o.T.)	220

*

X. Verzeichnis zum Nachlass   223

XI. Literatur – Tonträger
(mit Abkürzungen)   229

I.
Einleitung:
Dichterleben im Menschenschlachthaus

Weit in der Champagne im Mittsommergrün,
dort wo zwischen Grabkreuzen Mohnblumen blühn,
da flüstern die Gräser und wiegen sich leicht
im Wind, der sanft über das Gräberfeld streicht.
Auf Deinem Kreuz finde ich toter Soldat,
Deinen Namen nicht, nur Ziffern und jemand hat
die Zahl „Neunzehnhundertundsechzehn" gemalt,
und Du warst nicht einmal neunzehn Jahre alt.

Ja, auch Dich haben sie schon genauso belogen,
so wie sie es mit uns heute immer noch tun,
Und Du hast ihnen alles gegeben,
Deine Kraft, Deine Jugend, Dein Leben.

Aus dem Lied „Es ist an der Zeit!"
(The green fields of France),
Nachdichtung von Hannes Wader

Gewidmet ist die Herausgabe der Werke von
Joseph Anton Henke zwei sauerländischen Soldaten,
die das Handwerk des Tötens in Afghanistan
seelisch krank gemacht hat,
und Hennes Schnettler aus Fretter, 2004-2012 Vizepräsident
der deutschen Sektion der Internationalen katholischen
Friedensbewegung pax christi.

Leben und Werk von Joseph Anton Henke (1892-1917)

Von Peter Bürger

Kornblumenkranz ...
Erinnerung und Zuflucht,
Verrauschter Zeiten
Heimlose Sehnsucht.

JOSEPH ANTON HENKE (Poetenklause H. 7/1913, S. 3)

Da gab es vier Jahre lang ganze Quadratmeilen Landes, auf denen war der Mord obligatorisch, während er eine halbe Stunde davon entfernt ebenso streng verboten war.

Kurt Tucholsky über den Weltkrieg 1914-1918

Im Alter von 25 Jahren fand der Kriegsfreiwillige JOSEPH ANTON HENKE aus Frettermühle am 30. Oktober 1917 in Rumänien den Soldatentod. Schon etwa zwei Jahre zuvor war er als Verfasser einer kriegstrunkenen Lyrik in Erscheinung getreten. Am Ende, so können wir mit Gewissheit sagen, ging er nicht gerne in den Tod. Die große Menschenschlächterei – als solche brandmarkte im Juli 1915 Papst Benedikt XV. den ersten Weltkrieg – hatte ihn in Abgründe geführt, von denen einige späte Manuskripte ein erschütterndes Zeugnis ablegen.

HENKES Gedicht „*Min Duarp, en Hius, ne Linnenbeom*" (1916) kündigte – noch vor CHRISTINE KOCHS „Wille[n] Räusen" (1924) – eine neue Mundartlyrik für das Sauerland an und gehörte in seiner Heimat einmal zu den populärsten plattdeutschen Texten.

Auch dieses Gedicht ist – unter Todesahnungen – auf dem Schlacht-Feld entstanden.

Im April 2009 hat Claus Henke aus Frettermühle den literarischen Nachlass seines Onkels, der einen stattlichen Ordner füllt, an das CHRISTINE-KOCH-MUNDARTARCHIV des Esloher Museums übergeben. Mit einer Internetausgabe der „daunlots" und der hier vorliegenden Druckfassung wollen wir dem Anspruch gerecht werden, anvertraute Sammlungen zu erschließen – statt sie als „tote Besitztümer" nur im Aktenschrank zu konservieren. Es versteht sich fast von selbst, dass die sehr schmale Abteilung „Mundartlyrik" aus dem Blickwinkel des Esloher Archivprojektes das Herzstück darstellt.[1] Das hochdeutsche Werk, viel umfangreicher als die wenigen plattdeutschen Dichtungen, konnten wir jedoch schon wegen seiner Bedeutsamkeit als Zeitzeugnis nicht übergehen.

Die weiteren Beigaben in der hier vorangestellten Abteilung zur „Einleitung" behandeln das Thema „Krieg" und unterstreichen die pazifistische Intention des Editionsprojektes.[2]

Elternhaus und Schulzeit

Geboren wurde JOSEPH ANTON HENKE am 23.7.1892 in Frettermühle (heute: Gemeinde Finnentrop) als erstes von vier Kindern des Anton Henke (Jg. 1861) und der Theresia, geb. Flamme (aus Weringhausen). Die Eltern betrieben Landwirtschaft und einen Gasthof am Ort. Bei der Reihenfolge der beiden Vornamen folgen wir dem Taufbucheintrag von Pfarrer Hövel in Schönholthausen, doch in den Veröffentlichungen 1913-1916 lautet sie – offenkundig gemäß Intention des Dichters – fast immer

---

[1] Im Internet frei zugängliche Wörterbücher der sauerländischen Mundart: Woeste 1882*; Pilkmann-Pohl 1988*.
[2] Vgl. mit Blick auf das Weltkriegs-Gedenkjahr 2018: Wette 2016, sowie meinen Text „Ernstfall Frieden ..." in der einleitenden Abteilung dieses Buches.

Oben: Schönholthausen, zu dessen Kirchspiel Frettermühle gehört (Bild: Wolfgang Poguntke). – Unten: Henkes Geburtshaus in Frettermühle, 1918.

Joseph Anton Henke (1892-1917)

umgekehrt (Anton Joseph). Nach JOSEPH ANTON wurden noch die Geschwister Maria, Franz und Anton geboren.

Über die Kinderzeit gibt es genau besehen nur die vergleichsweise sparsamen Mitteilungen, die FRANZ HOFFMEISTER 1923 nach einem Besuch im Elternhaus des Dichters veröffentlicht hat:

„In Frettermühle bei Deutmecke hat sich sein Kindergemüt das Jugendreich des sauerländischen Dorfjungen errichtet. ‚Als Kind von etwa drei Jahre zog ihn das Wasser besonders an; große Freude empfand er daran, seine Schuhe dem Fretterbach anzuvertrauen, immer wieder schenkte er dem Wasser etwas, das er von Hause mitnahm. – Was ihn fesselte, das schaukelnde Wasser, das langsame Fortgleiten der Gegenstände?' So berichtet man aus seinem Elternhause.

Wen wundert's, daß er, wie einstmals Grimme, mit seiner Phantasie die schwarzen Gestalten der Buchstaben leicht bezwang! Wie dem Strunzertaler das k zum Krauskropf und das p zum Dickkopf wurde, so war ihm das F ein Mann mit dem Regenschirm unter dem Arm, und so fort.

Des Jungen Lieblingszeit war naturgemäß die Dämmerung. Da saß er auf dem Schoß oder zu den Füßen der lieben alten Großmutter, die aus ihrem Elternhaus, der Gastwirtschaft Broegger im benachbarten Fretter, so manches von dem alten sauerländischen Volksleben zu erzählen wußte. Wenn sie geendet, und er ‚vom Fenster aus die bleiche Nacht mit den schwärmerischen Augen am Waldesrand stehen sah, wenn dann der Mond seine demantnen Perlen auf die schweigenden Schneefelder werfen wollte, der ruppige Graubart Sturm ihm aber kurzerhand schwarze, schmutzige Wolkenfetzen vorschob', dann hielt er noch gern und lange Zwiesprache mit den drei Königskindern, die die Großmuttererzählungen in sein weltverlorenes Heim gezaubert hatten: ‚dem herzigen, efeujungen und engelschönen Märchen mit dem *Es war einmal* auf den roten Lippen, der weißen Sage, die seherisch über Jahr

und Tag steht, und die schüchterne Volksmuse mit der dunklen Rose im tiefschwarzen Haar.'
War die Großmutter nicht da, so hatte er doch ihren Lehnstuhl, und den steuerte er dann mit Begeisterung als Dampfschiff nach Benares, Kolombo, Pondichery, Timbuktu, daß die kleinen Geschwister ihn gar verwundert anstaunten ob der Kenntnis all dieser merkwürdigen Namen. Dabei wußte er so fesselnd zu erzählen, daß die Schwester noch heute bestimmt versichert, sie habe die heiße indische Sonne gespürt und all die farbenprächtigen Blumen geschaut." (Hoffmeister 1923, S. 2f)[3]

Aufgewachsen ist HENKE fernab der großen Welt, in einem vom industriellen Zeitalter noch unberührten, ländlichen „Paradies". Zu den wenigen Nachlassstücken, die – aufgrund einer besonders schwer zu entziffernden Handschrift – für diese Ausgabe der Werke leider noch nicht transkribiert worden sind, gehört eine „Skizze" aus fünf beidseitig beschriebenen Blätter, die wohl Erinnerungen an die eigene „dörfliche" Kinderzeit enthält:

„Als Kind hatte er große Scheu vor fremden Menschen, vor Erwachsenen [...], wenn diese nicht aus seinem Heimatdorfe waren. [...] Wenn dann die Abendglocke vom fernen Dorfkirchturm, der hinter dem Roggenfelde emporragte, erklang, warf er sich ins hohe Gras, starrte in die sinkende Sonne und lauschte den Glockenliedern. Die Ländereien lagen zwischen hohen bewaldeten Bergen. Ein paar Täler und Mulden enthoben die Landschaft der Eintönigkeit. Das war [... (seine)] sichtbare Welt. Die Höhenzüge rings umher trugen für ihn die Himmelskuppel, wennschon er wußte, daß da draußen, hinter den Bergen, noch das größte Stück Welt mit vielen, vielen Menschen lag. Manchmal, wenn in der Dämmerung die Stille

---

[3] In dieser Ausgabe werden bei Literaturangaben durchgehend Kurztitel benutzt, die anhand des Quellenverzeichnisses im Anhang schnell entschlüsselt werden können.

durch die Felder schritt, hörte er jenseits der Berge den Pfiff eines dahinrollenden Zuges. Dann war ihm, als müsse er einmal über die Höhen steigen und sich das fremde, unbekannte Getriebe, von dem er nur eine dunkle Vorstellung hatte, ansehen."

Die Volksschulzeit führt aus dem kleinen Flecken[4] hinaus in das nahegelegene Dorf. In HENKES „*Sauerländischer Volkspoesie*" (→Kapitel VIII) kommt der Lehrer, ein brutaler Magister, nicht gut weg: „Lehre, Lehre, Beßmenstiehl, / Slät de Blagen viel te viel; / Viel te viel is ungesund, / Lehre is en Swinehund." Das Nachlassgedicht „*Kinder im Mai*" (→Kapitel VIII) erzählt von Kindern, die am grünen Rain singen; doch: „Dumm ist unser Schulmeisterlein, / das hält uns den Morgen lang / im dumpfen Saal beim Schieferstein – / dort jauchzt kein Lerchensang."

Der Schlüssel für eine noch weitergehende Horizonterweiterung heißt im Fall von HENKES Biographie „Bildung". Wiederum nur durch HOFFMEISTER wissen wir:

„Als er aus der Schule kam, lernte er bei einem Geistlichen Latein und kam dann auf das Gymnasium zu Attendorn. Er las, zeichnete und malte viel; Maler zu werden war damals sein Lieblingswunsch, wenn auch der Deutschlehrer, dem seine begeistert geschriebenen Aufsätze auffielen, einmal meinte, er wollte wohl Redakteur werden, seit welcher Zeit er bei seinen Mitschülern, von denen nur ein einziger sein eigenes Wesen ganz verstand, nicht anders hieß als ‚der Redakteur'.
Als Untersekundaner verließ er das Gymnasium. Eine ungerechte Behandlung hatte ihn, den Melancholiker, ins tiefste Herz getroffen. In Essen machte er das Einjährige ..." (Hoffmeister 1923, S. 3)

---

[4] So konnte man z.B. noch 1818 in Frettermühle nur 10 Einwohner zählen (Voss 1940/2003*, S. 31). Laut Einwohnerstatistik der Gemeinde Finnentrop hatte Frettermühle am 31.12.2010: 123 Einwohner.

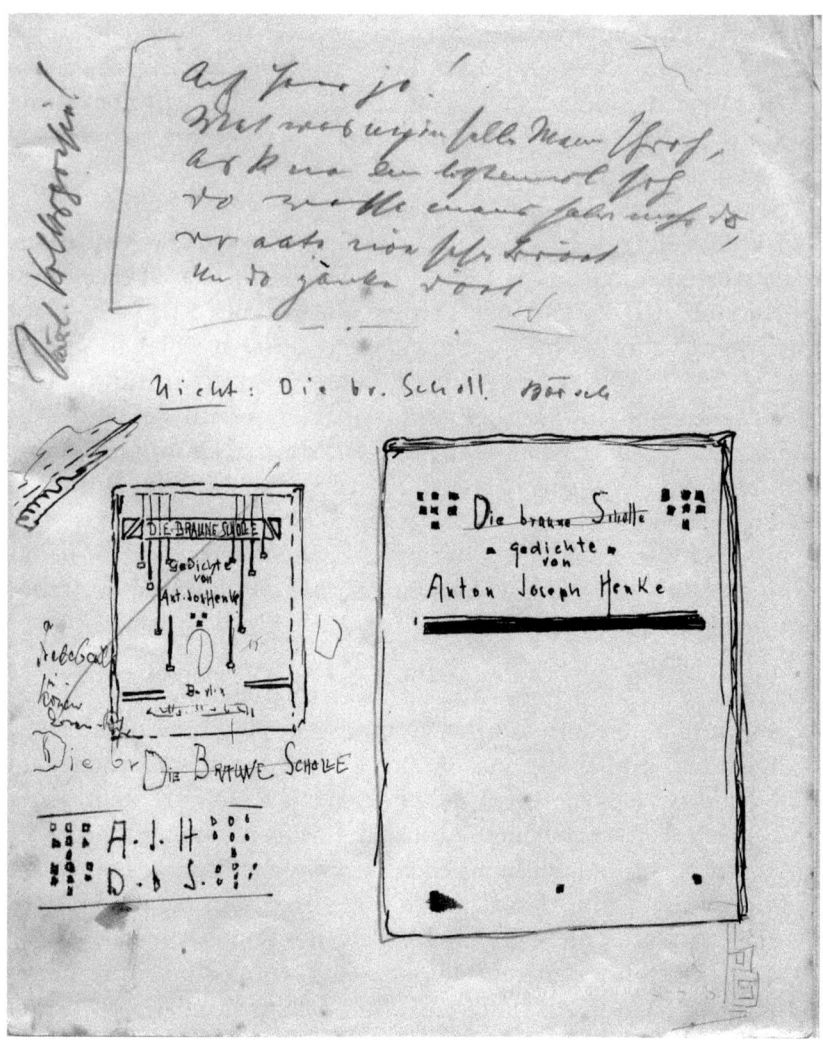

Manuskriptseite aus Henkes Nachlass mit eigenen Umschlagentwürfen. Den Titel „Die braune Scholle" für einen Gedichtband scheint er wieder verworfen zu haben (Vermerk: „*Nicht: Die br. Scholle. Börsch*").

Die schulischen Verhältnisse der Kaiserzeit sind autoritär und geeignet, bewegliche junge Geister zu ersticken. Während der Wandervogel-Ära (1896–1913) versucht die Jugend, sich aus der Bevormundung durch die „Alten" zu befreien. Zu dieser Generation gehört JOSEPH ANTON HENKE. In einem undatierten Nachlassheft, das auf 36 Seiten seine Abhandlung „Schillers ‚Räuber'" enthält, schreibt er zum Schluss mit Blick auf die von Schillers Drama inspirierte Literatur: „Alle diese Werke haben durchweg das eine gemeinsam: Drang nach Freiheit und Auflehnung gegen das Bestehende, gegen Gesellschaft und Gesetz."

„Studien" in Köln und Ambitionen als Dichter

Die nächste Etappe ist Köln, wir wissen nur leider nicht, wann genau HENKE sich dorthin begeben hat. HOFFMEISTER teilt für die Zeit nach dem „Einjährigen" mit:

„… dann bezog er die Handelsschule zu Köln, widmete sich vorzüglich der Journalistik und hörte an der Bonner Universität Geschichte. – Die Kölner Zeit war wohl die fruchtbarste seines kurzen Lebens. Im Sauerland hatte er nur wenige verstehende Freunde gefunden, in Köln war ihm das Schicksal mehr hold. Mit dem 1914 gefallenen Dichter Willy Paffrath verband ihn innige Freundschaft. Sein erstes gedrucktes Gedicht – er schrieb deren schon mit 15 Jahren – steht in der ‚Lyrik' (Berlin, Jahrgang 1912). Es ist das für ihn so bezeichnende ‚Am Meer'[5]." (Hoffmeister 1923, S. 3)

Vielleicht darf man diese erste Gedichtveröffentlichung als Hinweis darauf lesen, dass HENKE spätestens 1912, also im 20. Lebensjahr stehend, in Köln weilte? Im Juli 1913 wird Köln im Heft „Die Poetenklause" als sein Wohnort angegeben. Doch in der Zeitschrift „Lose Blätter" (Abb.: daunlots nr. 42*, S. 95) kann man dann schon im Juli 1914 lesen:

„Anton Josef Henke lebt in seinem Geburtsort Frettermühle im Sauerland, woselbst er sich der Journalistik widmet. Seine Vorkenntnisse verdankt er außer der Elementarbildung und Gymnasialbildung den Vorlesungen über Zeitungswesen, Literatur, Malerei, Musik, modernen Theaterbetrieb, Philosophie, Volkswirtschaftslehre, Sozialpolitik etc. an der Handelsschule zu Köln. Von Henke erschien: ‚Sauerländische Volkspoesie', eine Sammlung von altem Volks- und Sprachgut."

All diese Nachrichten wirken auf den ersten Blick sehr anspruchsvoll: HENKE erhält in „Vorlesungen" an der Handelsschule ein nahezu universales Bildungswissen, vertieft nebenher als Gasthörer an der Universität Bonn seine historischen Studien und zeigt sich somit an vielen Schauplätzen regsam. Allein, von einem weiteren Bildungsabschluss nach dem „Einjährigen" erfahren wir durch die Kurzbiographien rein gar nichts. (Auch das dann für 1914 mitgeteilte „Sich-der Journalistik-widmen" verbleibt im Ungefähren; ein konkreter Kontext dafür wird nirgends

---

[5] Vgl. den Text des Gedichtes „Am Meer" auf →Seite 175.

Seite eines Nachlassmanuskriptes – mit Verlags-Stempel unten.

genannt.) Das Büchlein „*Sauerländische Volkspoesie*", auf das wir noch zu sprechen kommen, ist vielleicht aber noch während der Kölner Zeit erschienen.

Eine ebenfalls noch nicht vollständig transkribierte, achtseitige Nachlasshandschrift, versehen mit der Angabe „Köln a.Rh., April 1913" und der Adressangabe „Trierer Straße 6", gibt etwas von den zwiespältigen Gefühlen wieder, mit denen HENKE in die Großstadt gezogen ist:

> „Eine halbe Stunde noch. Dann wird ihn das Bähnle heraus tragen ins brausende Leben der grossen Welt. [Wohl?] wehmütig, halb traurig schreitet er durch die Lande. Weit hinter ihm liegt der Ort seiner Väter, denen er untreu geworden ist. Die Arbeit häuft sich, *deshalb* begleitet ihn keiner aus der Familie; nur die Mutter hat ihn noch ein Stück Weges das Geleit gegeben.
> Ins Leben hinaus!
> Wie eine holde Prinzessin hat's ihn genarrt und hinaus gelockt, hinaus aus dem engen Bereich seiner malerischen Heimat. – Erinnerungen stürmen auf ihn ein: Kindheits- und Jugenderinnerungen. Er will sie aus dem Sinne schlagen. Vergebens. Die Gedanken kommen und gehen – und bleiben.
> Wie oft hat er wohl in dem weichen Heidekraut gelegen, um seltsamen phantastischen Träumen nachzuhangen! Die Heide ist seine vertraute Freundin geworden im Laufe der Jahre: Die [Kerben?] sind längst ausgetreten, aber das freie Leben als Jünger der Wissenschaft will er [erst] genießen. Wie schön bist du doch, Leben!

Allemal ist der Wechsel aus der weltanschaulich geschlossenen Dorflandschaft im kölnischen Sauerland hin zum Großstadtleben ein gravierender Einschnitt auf dem Lebensweg. Über die Kölner Zeit können wir nur spekulieren. Wahrscheinlich sind Kontakte

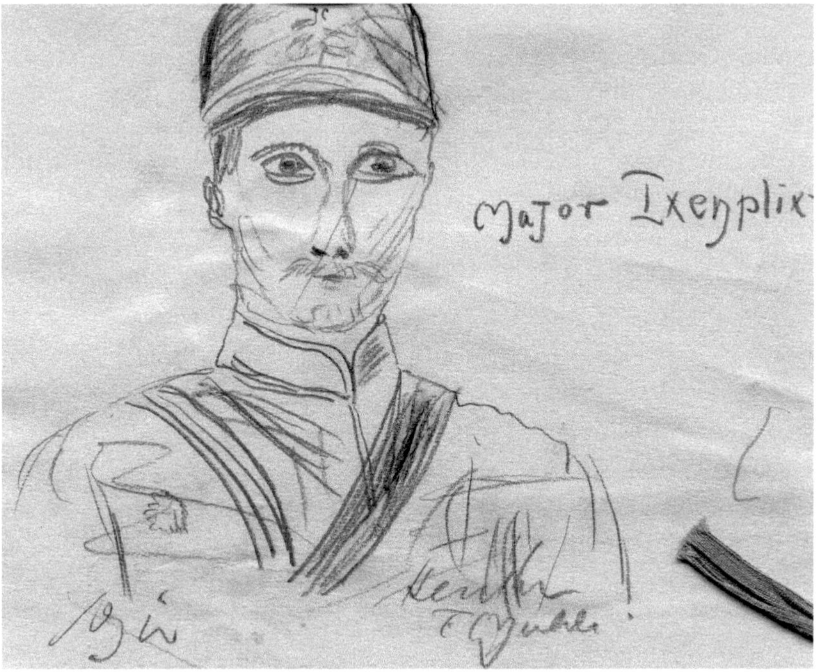
Major Ixenplix

BÜSTEN-ENTWURF
J. HENKE.

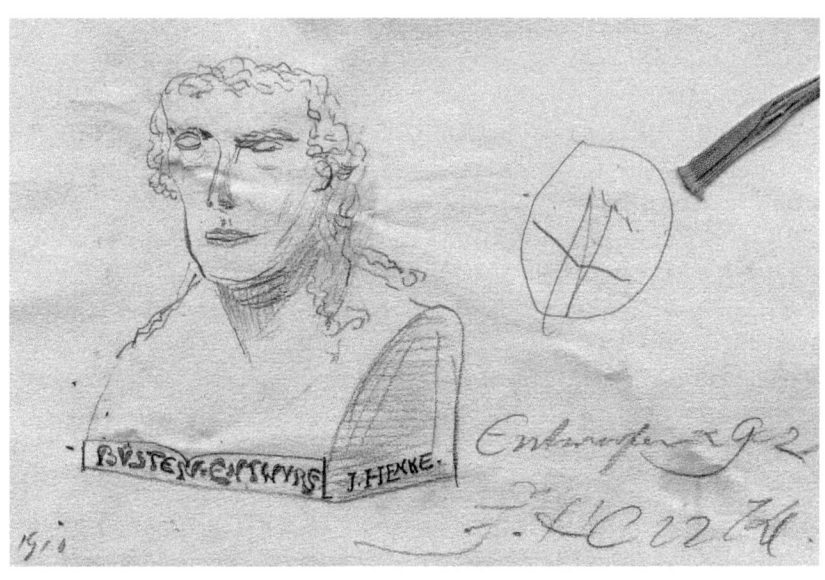

zu „Kulturszenen" bzw. Literaturzirkeln. Kam es am Ende gar zu einem Konflikt zwischen dem ersehnten „freien Leben" und den Mühseligkeiten eines „Jüngers der Wissenschaft"? Eine höhere Handelsschule besuchte HENKE in Köln; dort „soll man ihn aber mehr zwischen Literaturstudenten und Journalisten als unter Kaufleuten gesehen haben" (Padberg 1954).

Die Rückkehr des „Einsiedlers":
Ein Melancholiker und verkannter Lyriker

„Anton Josef Henke", so wird nach dem ersten Weltkrieg FRANZ HOFFMEISTER schreiben, ist „der Träumer und Stürmer, der Sauerländer Junge mit der weinenden Sehnsucht in den dunklen Augen und dem ungestümen Tatendrang im hochschlagenden Herzen, ein ganz Eigener." (Hoffmeister 1923, S. 2) Schaut man sich die hochdeutschen Gedichtveröffentlichungen HENKES bis 1915 an (→Kapitel VI), so scheint das in ihnen auftauchende Stichwort „heimlose Sehnsucht" auf einen durchgehenden Zug in seiner Lyrik hinzuweisen: „Die Heimat der Sehnsucht – Wer weiß, wo sie liegt?" „Dort hinter den Bergen wohnt das Glück", doch der Dichter ermattet, geht weinend und unzufrieden heim. Manchmal führen ihn „weiche Heilandshände / Vom glatten Spiegeleis". Für *„Die Entgleisten"* gilt: „Wir finden im Leben nimmer heim, [...] Müde schleichen wir aus dem Leben, / das, früh verloren, uns entglitt / am letzten Meilenstein der Wünsche." Das Leben steht „In Fron", und in „grauser Fron" klagt auch der noch junge Dichter: „Die Freiheitsharfen sind verstummt." Das Gedicht *„Wir"* zeugt – bezogen auf die eigene künstlerische Existenz – von einem hohen Selbstbild und zugleich vom Abgrund des Scheiterns:

Die wir der Sprache Leben formen,
wir tragen alle eine Krone,

> die hebt hoch über eure Frone
> und ist uns werter als Haufen Gold. [...]
>
> Und um uns quält ein tiefes Dunkel. [...]
> – die Kerzen starben beim ersten Wind –
> wir stehn verhärmt wohl wie ein Kind,
> fingernd stumm in dem Staub.

Freilich ist durch Veröffentlichungen in Literaturzeitschriften in den seltensten Fällen Ruhm oder auch nur ein Beitrag zum eigenen Broterwerb zu erwarten. Enttäuschungen können bei einem jungen Literaten kaum ausbleiben. In HENKES hochdeutschen Gedichten, die in dieser Werkausgabe vollständig versammelt sind, spiegelt sich ohnehin eine melancholische – oder sagen wir ganz unpoetisch: depressive – Grundstimmung. Die dazu passende Weltsicht kommt in einem Nachlasstext ausdrücklich zur Sprache:

> „Ewig lang und heiter ist die Kunst – das Leben so kurz und leidvoll. Überall Tränen, Kummer und Qualen! Aber dringen nicht bisweilen fröhlichere Weisen in diese Alltäglichkeit des kümmerlichen Daseins? Doch wohl. Es kommen lichte Augenblicke, frohe Stunden und Tage, wo der Mensch lacht und sich ein wenig glücklich wähnt. Daß jedoch der Ernst den größten Teil unserer Lebensspanne ausfüllt, daß nur dann und wann bessere Tage uns beschert sind, – das kann wohl niemand leugnen." (Ungekürzter Text: →S. 143)

Der Schritt aus der Enge hinein ins freie und geistig anregende Großstadtleben hat für A.J. HENKE offenbar nicht die ersehnte Erlösung gebracht (und wohl ebenso wenig praktische Weichen für den eigenen Berufsweg gestellt[6]). Der unvollendete Nachlass-

---

[6] Die Mitteilung, HENKE habe sich durch „journalistisches Rüstzeug [...] schließlich sein erstes Geld verdient" (Krause 1987b, S. 361), scheint mir nicht belegt zu sein. Keine zeitnahe Quelle weiß von entsprechenden Veröffentlichungen.

text „*Der Einsiedler*" (→S. 158-162) ist als literarische Verklärung seiner eigenen Rückkehr ins Sauerland zu lesen. Ernst Besoldt, die Hauptgestalt, sinnt bei einer Wanderung in der alten Heimat Gedanken nach, die:

> „ihm keine Ruhe gelassen hatten im Treiben und Lärmen der Großstadt, aus der er erst vor zwei Tagen auf 2 Wochen Urlaub zurückgekehrt war. Ein Jahr ohne Unterbrechung hatte ihn der Beruf dort festgehalten, hatte ihn festgehalten, trotzdem sich seine Sehnsucht, dem gekünstelten Leben und Tun der übertünchten und kulturbeleckten Stadtleute auf immer Valet zu sagen, von Tag zu Tag gesteigert hatte. Ein Einsamer war er geworden mitten in dem kunstbewegten Leben. Da hatte sich seine Seele heimgesehnt. Und ein großer Plan war in ihm gereift, aufgrund dessen er allen Plunder einer verfeinerten Lebensweise, an dem er manchmal so schwer litt, von sich werfen konnte. Lange hatte er diesen Plan erwogen und wieder verworfen, um ihn am Ende wieder aufzunehmen und daran zu denken, ihn in die Tat umzusetzen."

Ernst Besoldt ist auf dem Weg zu einem Einsiedler, von dem er sich Lebensrat erhofft (womit gleichzeitig vielleicht auch eine Sehnsucht nach dem geschlossenen religiösen Weltbild der Heimat zur Sprache kommt). Komplimente des Einsiedlers, der ihn noch aus der Zeit als Gymnasiast kennt, wimmelt Ernst ab: „Vornehmer Herr hin, vornehmer Herr her […] Ich bin nahe daran, dies Vornehme, was man so nennt, von mir zu werfen."

In einem verworfenen ersten Entwurf zu dieser Prosaskizze wählt HENKE als Zweitüberschrift das Wort „*Kulturbeleckt*" und lässt die Hauptgestalt Redaktionsmitglied einer mittleren Tageszeitung sein.[7] Der Redakteur sehnt sich zurück zur Heimat, „wo

---

[7] In beiden Versionen wird eigens bemerkt, dass *berufliche* Angelegenheiten die Erzählfigur von der Heimat fernhalten. Das sollte man mit Blick auf HENKES eigenen Werdegang, der in Elternhaus und am Ort doch gewiss auch Anlass zu „Selbstrechtfertigungen" gab, nicht einfach überlesen.

ungekünstelte und ungeschminkte Natürlichkeit und Bodenständigkeit der Menschen, frei von allem Überbildetsein der Städter, keine kulturbeleckte Geziertheit zuließ". Der intellektuelle Weg bringt nicht nur keine neue Beheimatung, sondern führt zur „Entwurzelung". Die Heilsparole lautet: Zurück zur Natur ...

Seite aus Henkes Skizzenbuch (CKA)

„Sauerländische Volkspoesie":
Heimatbewegtheit und rückwärtsgewandte Zivilisationskritik

Dass es sich nun bei der Rückkehr in die sauerländische Heimat um einen wirklich „großen [!] *Plan*" – und nicht etwa um ein Zeichen von Ratlosigkeit oder gar um eine Verzweiflungstat – gehandelt haben soll, kann man mit Blick auf die Nachrichten zur Biographie kaum glauben. HENKE, der in seiner Gymnasialzeit nur „der Redakteur" hieß, hat eben nicht in der Redaktion einer Tageszeitung gearbeitet. In einem „Stübchen" (Krause 1987b, S. 358) des elterlichen Gasthauses in Frettermühle mag er über seine berufliche Zukunft nachgedacht haben. Sein Skizzenbuch, aus dem in diesem Buch einige Beispiele abgebildet sind, verrät zwar einige Fertigkeit, aber wohl kaum das Zeug zu einem professionellen Zeichner oder Maler. Die Selbsteinschätzung ging an dieser Stelle in eine andere Richtung. Der farbige Jugendstil-Entwurf für ein Werbeblatt enthält das Angebot „J. Henke: Zeichnungen, Plakate, Kataloge etc." (Abbildung daunlots nr. 42*, S. 71). In einem Heft mit Vorarbeiten zur *„Sauerländischen Volkspoesie"* gibt es einzelne, kleine Entwürfe für Titelblattgestaltungen. Am Ende einer Handschrift befindet sich sogar der Abdruck eines Verlagsstempels. Offenbar gab es Pläne für eine eigene Verlagsgründung, und vielleicht ist dabei sogar speziell an einen *Heimat*-Verlag zu denken ...

Fest steht auf jeden Fall, dass „Heimatrückkehr" für HENKE zum geistigen Programm geworden ist.[8] Nach 1918 werden sich hei-

---

[8] Einen *partiellen* Vergleich mit der Biographie der sauerländischen „Blut und Boden"-Autorin JOSEFA BERENS[-TOTENOHL] (1891-1969) halte ich für hilfreich (Bürger 2010, S. 73-77; daunlots nr. 70*): JOSEFA BERENS erkämpft sich – freilich als *Frau* aus ärmeren Verhältnissen – ihre Bildung und zieht schließlich nach Düsseldorf, um ein Leben als Künstlerin zu beginnen. Sie findet in der Stadt kein haltbares Zuhause, kehrt ins Sauerland zurück und wendet sich dem Heimatgedanken zu. Sie bleibt allerdings nicht stehen beim ‚zivilisationskritischen' Gedankengut, welches sie wohl auch in der Stadt aufgenommen hat, sondern tritt 1931 der NSDAP bei. – Hier gibt es zumindest Ähnlichkeiten in der biographi-

matbewegte Studierende aus dem Sauerland organisieren. 1921 erfolgt dann die Gründung des SAUERLÄNDER HEIMATBUNDES (Bürger 2010, S. 556-558). Der junge FERDINAND WAGENER[9] (1902-1945) aus Steinsiepen versucht ab Ende der 1920er Jahre, sich eine Existenz als Schriftsteller und Heimatverleger aufzubauen ... All dies steht im Sog einer neuen Haltsuche angesichts der „Urkatastrophe des 20. Jahrhunderts", angesichts eines industriellen Gemetzels mit am Ende rund 17 Millionen Toten. HENKE gehört – schon ein Jahrzehnt früher – zu den sauerländischen Vorläufergestalten. Alle zentralen Ideologiebausteine der Heimatbewegung im späten Kaiserreich[10] kann man bei ihm – in geradezu mustergültiger Weise – antreffen.

HENKE hat die Sammlung „Sauerländische Volkspoesie", sein erstes Büchlein, „mehreren Verlagen als Manuskript angeboten" (Padberg 1954). Sie ist – nach HOFFMEISTER (1923, S. 4) – schon 1913 erschienen und zwar im Kölner Verlag Friedrich Wilhelm Rebe, der auch die Zeitschrift „Poetenklause" verlegerisch betreute. Auf 40 Seiten vereinigt HENKE in diesem Werk plattdeutsche und hochdeutsche Texte aus der Heimat. Abgesehen von Versen, die schon PETER SÖMER (1832-1902) mitteilt, ist die „Sauerländische Volkspoesie" bezogen auf den kölnischen Landschaftsteil ein kleines Pionierprojekt.[11] – Das Büchlein „Min Draulzen"[12] von JOSEPH BÖRSCH wird erst 1917 – als Feldpostdruck für die Drolshagener Soldaten – erscheinen. – HENKE zeigt durchaus

---

schen Orientierungssuche. Der fast jahrgangsgleiche HENKE, der schließlich ab 1915 im Krieg „Erlösung" suchte, verblieb freilich (anders als J. BERENS) noch im „katholischen Kosmos" und kann wohl noch nicht als „völkischer Autor" eingeordnet werden.
[9] Vgl. zu ihm: Bürger 2010, S. 707-711; eine hoch- und plattdeutsche Werkausgabe wird derzeit für den Druck vorbereitet: Wagener 2017.
[10] Vgl. speziell für Südwestfalen: Bürger 2012, S. 233-422.
[11] Bürger 2006, S. 60; Textzugang zur Sammlung SÖMERS auch im Internet, u.a.: daunlots nr. 26*.
[12] Textzugang: daunlots nr. 61*, vgl. daunlots nr. 7* (Internet); Mundart-Anthologie III, S. 421-469.

F. W. NEBES VERLAG, Köln a. Rh., Schillingstraße 33a.

Sauerländische Volkspoesie.
Von A. J. Henke.

Eine Sammlung von altem, unverfälschtem Sprach- und Volksgut, — Reimen, Spielliedern, Singspielen, Spott- und Scherzversen, Rätseln, Inschriften, Volksliedern. Mit fesselnden Erläuterungen und Hinweisen durchwoben.

PREIS 0,85 M.

Chefredakteur W. Paffrath schreibt in der Kölnischen Wochenschrift für Humor und Kunst „Kölner Luft":

„Volkspoesie, welch ein Wort in einer Zeit, wo auf der einen Seite die Bestrebungen zur Hebung der Heimatkunst und Volksdichtung in weitesten Kreisen Anklang finden, und auf der andern Seite die seichten, dessinlosen Produkte spekulierender Löhnlinge der ars scribendi äußerst begehrenswert erscheinen. Doch ist dies Begehren schnell gestillt, denn mit dem gleißenden Flittertand vom Rampenlicht verschwindet auch der Saisonschlager schon, wie der „Gassenhauer" bald in dem schmutzigen Boden der Großstadt verkümmert. Kein vernünftiger Mensch mag sie je wieder hervorholen. Wie anders wirkt dagegen der eigentümliche Zauber, der der echten Volksdichtung innewohnt! — Da kommt die Schrift A. J. Henkes just zur rechten Stunde. Sie bringt mahnend in Erinnerung, daß es noch etwas Besseres gibt, als die schale, sinnenkitzelnde und nichtssagende Kost klugrechnender Alltags-Reimer. Volkspoesie! Nach einer naturfrischen Einleitung über die Urkraft der Volksdichtung, die sich durch ihre Romantik bis in die heutige Zeit erhalten hat, führt uns Henke in die traute Stube, wo wir gefühlvollen Schlummerliedchen der Mutter an der Wiege lauschen. Goldenes Kinderlachen tönt aus dem schlichten Singsang der Reigenspiele. Prachtplätze der erhabenen Natur erstehen vor dem Auge bei den fröhlichen Wanderliedern, und die Empfindung des trutzig-derben Westfalenvolks spricht sich so individuell darin aus, daß man es wohl verstehen kann, daß der Verfasser die Sammlung seiner Heimat abgelauscht hat. Allegorische Dichtungen tun die Stellung zur Sitte, Politik und Religion dieses stramm-biederen Menschlags kund. Alle diese poetischen Wahrheiten, naiven Gefühlsausdrücke und Natürlichkeiten streben nicht nach Reim und Rhythmus, sie sind sich so ihrer Kraft bewußt. Und doch findet sich auch einiges, was voll von lyrischer Kraft und harmonischer Schönheit ist. Da hat wohl der Dichter in dem Sammler seinem innersten Wesen Ausdruck gegeben. Recht so! Hierdurch ist auch dem Werkchen der trockene Ton einer Sammlung genommen worden. In dem Sammler lauscht man zugleich dem schwungvollen Lyriker und feinsinnigen Novellisten. Ein stiller Genuß, wenn man erfährt, daß Henke ein Poet ist, an dem man nicht achtlos vorübergehen kann. Allen, die für die kräftigen Naturtöne und Ursprünglichkeit der Volkspoesie Verständnis haben, und besonders den Forschern sei das Werkchen Henkes daher aufs wärmste empfohlen."

kritischen Sinn. Das – vermeintlich vom „Volk" ersonnene – niederdeutsche „Schwalbenlied" hält er für eine mögliche Anleihe aus Fr. Rückerts Gedicht „Aus der Jugendzeit" (Henke 1913, S. 21f). Auch die germanenfreundliche Rückführung des Verses „Hiärmen, sloh Liärm an" auf die Zeit des Cheruskerfürsten Armin bzw. Hermann ist seiner Ansicht nach keineswegs erwiesen (ebd., S. 19f). Mit Blick auf die frühen völkischen Tendenzen der Zeit sei noch angemerkt: HENKE sieht in den alten Hausinschriften seiner Heimat einen Beweis dafür, „daß die Sauerländer von jeher treu zu Rom gehalten haben und zu allen Zeiten einen tiefreligiösen Sinn bekundeten" (ebd., S. 29). Die „katholische Identität" steht außer Frage. Allerdings ist damit zu rechnen, dass das konfessionelle Milieu der Landschaft ab 1900 schon in erheblichem Maße nationalistisch und militaristisch „aufgeladen" war.[13]

Die Darbietung der in diese Werkausgabe ungekürzt aufgenommenen „Sauerländischen Volkspoesie"[14] ist versehen mit programmtischen Begleittexten. Sie spiegelt Strömungen eines frühen ‚Heimattrutzes' wider. In geradezu romantischem Überschwang wird eine märchenhafte Heimat beschworen, deren Lebensweise und „Volkstum" allerdings von einer „verzwecklichten" Zivilisation, von „Materialismus" usw. bedroht sind.[15] Ausdrücklich greift der junge Schreiber dabei wieder auf antiintellektuelle – und stadtfeindliche – Tendenzen zurück: „Jenen übergebildeten und Kulturbeleckten aber, die da meinen, über den schlichten Singsang der Volkspoesie verächtlich die Nase rümpfen zu müssen, einen trutzig-derben, saftigen Westfalenfluch!"

---

[13] Vgl. Bürger 2016a; zu gegenläufigen katholischen Friedensströmungen im Sauerland nach 1918: Bürger 2016b.
[14] Vgl. zu Lebens- und Alltagszusammenhängen der von HENKE gesammelten Verse sowie zum weitaus umfangreicheren Repertoire der sauerländischen „Leuteüberlieferungen": Bürger 2006.
[15] Allerdings bemerkt der Verfasser auch ausdrücklich: „Aber um nicht zu schwarz zu sehen: viel Gutes hat ja die Neuzeit mit ihren technischen, industriellen, sozialen, wirtschaftlichen Einrichtungen und Errungenschaften auch im Gefolge".

HENKES Heimatsorgen und Verlustängste kreisen zunächst wirklich um seine allernächste Kinderheimat, um das Frettertal. Das Landschaftsbild verändert sich durch die – erst relativ spät durchgeführten – „Separationen". In Frettermühle selbst hat es zur Abfassungszeit der „*Sauerländischen Volkspoesie*" vermutlich noch kein elektrisches Licht gegeben.[16] Zwischen dem Bahnhof Finnentrop und Olpe verkehrte ab 1.11.1875 die Eisenbahn, so dass HENKE als Kind wirklich schon „jenseits der Berge den Pfiff eines […] fremde[n], unbekannte[n] Getriebe[s]" hören konnte (s.o.). Die Eisenbahnlinie durch das *Frettertal*, deren Bau man 1900 beschlossen hatte, wurde aber – deutlich später – am 16. Januar 1911 in Betrieb genommen. Erst diese Bahnstrecke ermöglichte dann einen Kalkabbau im industriellen Maßstab (Grün 1999), was den jungen Dichter sehr betrübte: „Die Nachricht, daß im Frettertale Kalksteinbrüche eröffnet würden, schnitt ihm tief ins Herz." (Hoffmeister 1923, S. 5) Er sieht in einem Gedicht (→ S. 192) seine Kinderheimat schon „von der schnöden Gier nach Geld" zerstört. Werner Neuhaus erhellt, wie in diesem Text typische Elemente der heimatbewegten Zivilisationskritik zu Beginn des Jahrhunderts versammelt sind:

„Romantische Felsen, blühende Blumen, knorrige Eichen und klare Bäche werden durch Technik, Industrie und Umweltverschmutzung zerstört und als negativer Höhepunkt wird das traute Dorf durch die ‚dunkle Stadt' ersetzt, wobei ‚Brauch und Sitte' von geldgierigen Profitmachern mit Füßen getreten werden." (Neuhaus 2009, S. 91)

In J. A. HENKES hochdeutschen Gedichtveröffentlichungen von 1913-1915 (→Kapitel VI), in denen uns zumeist ein lyrisches Heimatsehnen ohne konkrete „Verortungen" begegnet, finden wir weitere Beispiele für den expliziten „Heimatschutz". Unter

---

[16] In weiterer Nachbarschaft zu Frettermühle, im sehr viel größeren Fretter (1900: 424 Einwohner), gab es z.B. 1888 die erste Postagentur, 1909 den ersten Fernsprechanschluss und 1914 das erste elektrische Licht (www.fretter-online.de).

der Überschrift „*Erlöschende Eigenart*" verklingen die Lieder in den Tälern und wird der „Neuzeit Truggewinn / für altererbten Ahnenbrauch" eingetauscht. Zum Erntekranz spielt man nicht mehr auf, und keiner mag mehr „beim Kienspanlicht erzählen". Im Gedicht „*Gewitterahnung*" wird „Schlotendunst, der die Lungen lähmt", dem „Beten im Ährenfeld" gegenübergestellt. Welche Erlösung erhofft sich der Dichter von der sogenannten „Volkspoesie"?

> Selber mitten aus dem Volke,
> will ich mit ihm leben, sterben,
> [...] lauschen seinen Liedern, Sagen,
> die aus längstverschwundnen Tagen
> einen Schimmer bess'rer Zeiten
> lassen auf die Sehnsucht gleiten,
> die in allen Menschen weint
> und durch großen Schmerz uns eint –
> aus dem Volke, mit dem Volke!
> (zit. Trutznachtigall Nr. 1/1923, S. 2)

Beim „Sterben mit dem Volke" bekommt man nun wirklich eine Gewitterahnung. Von Verlustangst getriebene Heimatbewegtheit und romantische „Volksseele" lassen jedenfalls keine Immunität gegenüber der kollektiven Kriegspsychose erwarten. Am Ende wird die „Heimaterde" auf Feldpostkarten vermeintlichen Trost spenden.

Manuskriptblatt aus Henkes Nachlass (CKA)

Plattdeutsche Schwankprosa

Zunächst einmal nimmt J. A. HENKE aber doch das nahe Heimatgeschehen aufmerksam wahr. 1913 bringt der SAUERLÄNDISCHE GEBIRGSVEREIN in Eslohe zwei plattdeutsche Bühnenstücke von FRIEDRICH WILHELM GRIMME (1827-1887) zur Aufführung.[17] HENKE ist begeistert und fordert im Entwurf zu einer Kolumne: *„Schafft ein sauerländisches Volkstheater!"* (→S. 172). Dem Plattdeutschen will er selbst im Anschluss an die *„Sauerländische Volkspoesie"* ein weiteres Werk widmen. *„Owendröet"* sollte es offenbar heißen, und zumindest das Manuskript für ein Geleitwort ist erhalten (→S. 143): Das „schlichte Werkchen" war gedacht für Leser, „die des sauerländischen Dialekts mächtig sind und ihren Geschmack nicht durch seichtmoderne Literatur verdorben haben, sondern noch mit ganzem Herzen der Heimat und ihrer trauten Muttersprache zugetan sind."

Für dieses Vorhaben, das einer heiteren Linie folgen sollte, hat es – soweit aus dem erhaltenen Nachlass ersichtlich – keine systematisch angelegte Sammlung gegeben. Vermutlich war der gereimte Text *„Plattduitsk-Unterricht im Hiemmel"* (→S. 136-139) darin vorgesehen, vielleicht auch das wesentlich anspruchsvollere, schöne Gedicht *„Wiärümme nit?"* (→S. 134). Beim *„Plattduitsk-Unterricht im Hiemmel"* ist von irdischen Nöten bezogen auf die plattdeutschen Sprachpraxis eigentlich noch keine Rede. Bezeichnenderweise kommt aber der längst verstorbene F.W. GRIMME wieder ins Spiel. Der Altmeister ist es nämlich, der im *Himmel* herbeigeholt wird als geeigneter Sprachlehrer für Engel, die kein Sauerländer Platt verstehen können.

Neun plattdeutsche Prosastücke aus dem Nachlass, die z.T. in zwei Handschriftenversionen vorliegen und wohl auch Gestalten des nahen Leutelebens thematisieren, würden gut zum Konzept des „Owendröet"-Geleitwortes passen (→Kapitel IV). Hier sind keine weltbewegenden literarischen Entdeckungen zu machen. Pate gestanden haben wahrscheinlich GRIMMES Schwänke, aber

---

[17] Vgl. zu F.W. GRIMME: Bürger 2007.

HENKES Versuche können sich mit deren Witz doch nicht ganz messen. Am überzeugendsten ist aus meiner Sicht das kürzeste Stück „*Saat wuahl, awer ...*":

> Am achtuntwintegsten Mai achtaihnhundertachtunfötteg saten Joistken un Käsperken, boie Laimenklickers van Hiuse iut, byim Loier te Tiske. Me at Nachtmes. As se bi dr Dickemielk wören, frogere Käsperken: „Wat mainste, Joistken, sin vi balle saat?"
> „Jo, dät wuahl, awer't Schliuken dait noch söe guitt."

Warum aber, so fragt man sich, wird diese Szene mit zwei „Lehmkleckerern" (Bauleuten), die aus purer Genussfreude über ihre Sättigung hinaus speisen, ausgerechnet in den demokratischen Revolutionsfrühling 1848 zurückverlegt? Nach dem Hungerjahr 1847 waren ja gerade auch kleine Handwerker revolutionär gestimmt.

Hochdeutsche Prosaskizzen

Die hochdeutschen Prosabeispiele aus dem Nachlass, die in →Kapitel V dieser Werkausgabe versammelt sind, gehören ebenfalls noch zum Kreis der heimatbewegten Dichtungen. Der Text *„Ein modernes Märchen"* steht in Bezug zur *„Sauerländischen Volkspoesie"*: „Wir leben im Zeitalter der Industrie und Technik. Die gute alte Zeit ist zu Grabe getragen. Ihre Erbschaft hat das moderne Leben angetreten. Durch manches romantische Tal [...] schlängeln sich Eisenbahngleise, auf denen knatternd und ratternd das nimmermüde Dampfroß dahinrast." Die guten Geister, die Zwerge und das (personifizierte) „Volkslied", müssen nun tiefer ins Innere der Wälder flüchten. Zu denken ist auch hier wieder an eine – befürchtete – Entzauberung des Frettertals, in diesem Fall durch die Eröffnung der Eisenbahnlinie im Jahre 1911.

Den Text „*Der Einsiedler*", eine Verschlüsselung der eigenen Heimkehr ins Sauerland, und das Fragment „*Schafft ein sauerländisches Volkstheater!*" über GRIMME haben wir schon in den letzten beiden Abschnitten genannt.

Will man den Erzähltext „*Der rote Jörg*" wohlwollend aufnehmen, so sollte man ihn nicht als moralisierendes Exempel über das Scheitern und den Umgang mit Gescheiterten lesen, sondern als einen „realistischen" Versuch über Alkoholsucht – ohne guten Ausgang: Ein junger Bauer, dessen widrige Biographie zumindest angedeutet wird, gerät ans Saufen, verliert all seinen Besitz, zieht in die Fremde, kehrt wieder zurück an den Ort – ohne neuen Halt zu finden – und erhängt sich schließlich.

HENKE liebt die Überschrift „Skizze", und das bedeutet in nicht wenigen Fällen leider wirklich, dass es sich um noch nicht abgeschlossene Arbeiten handelt. Zu den nicht ausgearbeiteten Versuchen gehört der Text „*Die Weihnachtsglocken*": Das Leben des Berghofbauern, der übrigens nicht den Eindruck eines Großbauern vermittelt, kreist – auch am Vortag von Weihnachten – um Geldgeschäfte. Sogar die Ehe mit seiner jüngeren Frau, der Tochter eines Schuldners, hat er sich förmlich erpresst. Auf dem Weg durch den Schnee hin zu einer Hausversteigerung prophezeit ihm nun eine ‚Zigeunerin': „Euer Weg endet im Weiß!" Auch der Berghofbauer ist alkoholsüchtig und hat deshalb auf diesem Gang durch die Winterkälte eine Schnapsflasche in seinem Mantel. Die nie geschriebene oder nicht mehr erhaltene Fortsetzung der Geschichte können wir also leicht erraten. – Der „Materialismus", den HENKE im Rahmen seines Heimatprogramms so nachdrücklich beklagt, führt hier ins Verderben.

J. A. HENKE als „sozialkritischen Erzähler" (Krause 1992) vorzustellen, ist wohl kaum begründbar. Besonders auch bei dem zuletzt genannten Prosatext zeigt sich, dass er aus der Heimatbewegung des Kaiserreiches reaktionäre Einflüsse aufgenommen hat. Die negative Darstellung der „Zigeuner" ist durchsetzt von Antiziganismus.[18] Zur Hausversteigerung hat sich bereits ein reicher Jude aus dem Lennetal augenzwinkernd als Käufer angekündigt. Auch im Text „*Der rote Jörg*" kommt ein Hof aufgrund der hohen Verschuldung bei einem Juden unter den Hammer. Im Rahmen der veröffentlichten „*Sauerländischen Volkspoesie*" liefert HENKE eine judenfeindliche Fortsetzung des Tanzliedes „*O Hännes, wat ne Haut!*" (Henke 1913, S. 17; vgl. auch ebd., S. 37). Im plattdeutschen Prosatext „*Ik mein ...*" (→S. 148-150) wird der Jude „Haimen" aus Lenhausen von einem Gastwirt angeschmiert und lächerlich gemacht. Im Mundartgedicht „*Plattduitsk-Unterricht im Hiemmel*" (→S. 139) wird sogar der heilige Petrus von F.W. GRIMME in Sorge um eine zu geizige Ausstattung der himmlischen Plattdeutschschule verwarnt: „*Diu alle Jiude*"! Ob dies alles zusammen wirklich nur als Spiegel des gleichsam obligaten Antijudaismus in der katholischen Landschaft zu bewerten ist?[19] Wir dürfen davon ausgehen, dass HENKE mit den antisemitischen Botschaften seiner Zeit vertraut war.

Kriegstrunkene Lyrik 1915/16:
„Mit Blumen, Blei und Liedern"

Spätestens 1915 tritt an die Stelle der heimatbewegten Orientierungssuche in HENKES Biographie ein Schauplatz, der zu jener Zeit nahezu die gesamte Gesellschaft in den Sog einer dunklen Erlösungssehnsucht zieht: der Krieg. Die imperialistische Hochrüstung im Kaiserreich hatte am Ende – wollte man den ‚Wettlauf mit der Zeit' nicht verlieren – einen großen Krieg als unvermeidlich erscheinen lassen. Im Grunde gab es unter den Bedingungen

---

[18] Vgl. dagegen aber das „romantische Zigeunermotiv" in HENKES hochdeutschem Gedicht „*Pußtafahrt*" (→Kapitel VI: S. 101) und in der „*Sauerländischen Volkspoesie*" von 1913 die Hochschätzung der „Zigeuner" und aller „Fahrenden" als Tradenten des „Volksliedes".
[19] Vgl. meine Studie zu „Judenbildern" in der Sauerländischen Mundartliteratur bis 1918: Bürger 2012, S. 553-740 und 749-788.

des autoritären und militaristischen Systems 1914 für Verfechter einer zivilen Politik kaum noch eine Chance, sich in der Breite Gehör zu verschaffen. Den Mittelschichten hatte man angesichts der wirtschaftlichen Widersprüche und Abstiegsängste so lange das Heilsversprechen der Nation eingeimpft, dass diese am Ende auch „Taten" sehen wollten. An Wissen um die Abgründe eines modernen, ‚industriellen' Krieges und an Warnern fehlte es nicht. In den Kreisen der Intellektuellen und Künstler geisterte jedoch schon vor 1914 die Vorstellung umher, ein großer Krieg könne irgendwie zu einer „Reinigung" der – im bürgerlichen Zeitalter erstarrten – Kultur führen (Mommsen 2004).

Über Nacht verwandelt sich die Auflehnung gegen spießige Enge, Heuchelei und autoritären Drill des militaristischen Hohenzollernreiches in einen bereitwilligen Marschtritt der Jugend und der Nonkonformisten. Gestern noch hatte man sich gegen ein seelenloses „Maschinenzeitalter" gestemmt, heute ist man nun dankbar bereit, die stählernen Technologien der modernen Massenmordmaschinerie und deren optische Sensationen – z.T. wie Naturschönheiten – zu verherrlichen. Die deutsche Sozialdemokratie, der man ein Wissen um die Bedeutung von Machtpolitik, Wirtschaftsräumen und Rohstoffzugängen für jegliches Kriegsgeschehen wohl unterstellen darf, sorgt dafür, dass weite Teile der Arbeiterschaft mit im Boot sitzen oder sich zumindest fügsam verhalten. Beide Großkirchen im Land werben für die „Gnade aus Kanonenrohren", die römisch-katholische (eigentlich: deutsch-katholische) *trotz* der flammenden Friedensappelle von Papst Benedikt XV.

Namentlich auch die sogenannten Gebildeten bzw. Intellektuellen werden von Kriegsbegeisterung erfasst. Allein im August 1914 sollen etwa fünfzigtausend Kriegsgedichte bei deutschen Zeitungsredaktionen eingegangen sein.[20] Die jugendbewegte

---

[20] von der Dunk 2004. – Vgl. zur Kriegsdichtung in Westfalen: Maxwill 2015a; Maxwill 2015b. Speziell zur *plattdeutschen* Kriegspropaganda in Westfalen und

Generation, zu der JOSEPH ANTON HENKE wie ein Walter Flex gehörten, findet ein – am Ende tödliches – Ventil für überschüssigen „Idealismus" und zivilisatorisches Unbehagen. HENKE gerät in den Bann der inflationären Kriegslyrik (alle Texte bis 1915 in →Kapitel VI). Er schreibt in der Flugblattfolge „Wacht am Rhein", die der ihm freundschaftlich verbundene Willi Paffrath herausgibt, das Gedicht „*Der Jugend Ruf*":

Nun reißt Euch los von Glück und jungen Rosen,
Hört wie der Schlachtruf gellt, die Stürme tosen!
Da nehmt nur uns're freiheitsstarken Glieder,
dem Vaterland weiht sie und uns're Lieder!

Verräterisch ist die Verbindung von Freiheitsstreben und Todesausblick. Im „*Fliegerlied*" erhebt sich die bestaunte „stählerne Taube" kühn in die Lüfte, zu „neudeutschem Werde". Der Sänger rechnet damit, dass er – „vom Morgenrot gerötet" – am Ende zusammen mit dem Eisenvogel zerschmettert in der Heide liegt, doch auch dann wird der Totentanz weitergehen:

Tausende reigen
Nach uns empor,
die schon im Steigen
der Tod sich erkor.

Das abendliche Glockengeläut vermittelt nun einen Ruf an die Jungen, sie möchten doch ihre Seelen „fleckenlos und rein zu Großem stählen" („*An stillen Abenden*"). – Sollten wir beim „sündhaft Feuer in dem Herzen" (→S. 192) vielleicht auch an die Leiden einer katholischen Jugendzeit mit ihren permanenten Ängsten vor der – stets sexuell gedachten – ‚Todsünde' denken?

Im „*Soldatenlied*" kommt die nekrophile „Sehnsucht nach Reinheit" noch deutlicher zum Vorschein:

---

dessen Teilgebiet Sauerland: daunlots nr. 49*; daunlots nr. 50*; Bürger 2012, S. 423-552.

> Der Würfel ist gefallen,
> wer sterben muß, der stirbt;
> es fließt so manches junge Blut,
> daß Keiner mehr verdirbt.

Im Gedicht „*Wir kommen*" wird der Krieg geradezu Inbegriff des jungen Freiheitsverlangens:

> Umgibt auch noch Dunkel euer Freiheitssinnen,
> nicht lang mehr mürbt euch harte Fron,
> denn wißt: im Sturmschritt eilt von hinnen
> der Jugend bester Teil, und ihrer ist Legion – –
> wir kommen!

Welche Freiheit nur soll dies sein? Der Dichter, so offenbart es ein anderes Gedicht von 1915 („*Die zagen Tage*"), kann seine heimliche Sehnsucht nach einem befreienden Tod, der gleichsam mit einem Handstreich alle Widersprüche des Lebens auflöst, nicht verbergen:

> Gram allem schuldbeladnen Werde!
> schlössen wir gern die Lebensbücher
> und schrieben: Ende! mit unserm Blut.

Mit solcher Hingabe – bislang noch ohne selbsterworbene Kenntnis des Gemetzels – meldet sich J.A. HENKE dann freiwillig für den Kriegsdienst. Sein zweites gedrucktes Büchlein – der hochdeutsche Gedichtband „*Mit Blumen, Blei und Liedern*" – entsteht 1916 schon an der Front (alle Texte in →Kapitel VII): Hier begegnet uns ein tragisches Sammelsurium aus deutschem Heldengeschwätz, Kaiserruf, „hämmerndem Blut", Eiter und Geschwüren aus „stählernen Wettern", Kriegsgebeten und verlorenem Glück der sogenannten „Volksseele".

Für die kriegsverherrlichende Linie des Werkes, soweit sie das bereits Bekannte – trotz der längst offenbaren Katastrophe – fortsetzt, führe ich hier als Beispiel nur das Gedicht „*Glocken im Krieg*" an:

Hört! wir stehn zum letzten Aufgebot,
Kapelle oder Dom, –
wir gießen Namen, Leib und Seele
gern in den flüss'gen Eisenstrom,
der hinrauscht gen das neue Morgenrot.

Doch im Kontrast zur Unschuld des jungen Blutes, welche die – übrigens schon 1915 an anderer Stelle veröffentlichten – Eingangsverse besingen, wird der Kriegsdienst jetzt mehr als einmal ausdrücklich als Mordhandwerk charakterisiert:

Wir wurden Tiere,
stumpf in Mord und Blut,
berußt in Feuers sengender Glut. (→S. 196)

Wir wissen kaum,
daß einmal Friede war –
so tief hängt unserer Fahne Saum
im Blut. (→S. 196)

Wir sprachen beide: Morden
will ich den Feind, wo ich ihn faß, –
einjeder trägt schon Bänder böser Orden –
in Liebe wandelt sich der Haß. (→S. 197)

War es nicht im Somme-Morden?
Vor Verdun? Und war's nicht sommers ... (→S. 201)

In Deutschland „blühten Legenden und Greuelgeschichten. [...] man machte viel Aufhebens davon, dass die Franzosen dunkelhäutige Soldaten aus den Kolonien einsetzten [...]: animalische Rohlinge, denen man sofort bestialische Kampfmethoden zuschrieb" (von der Dunk 2004, S. 27). HENKE bedient dergleichen, wenn er über „Sturmabwehrende, [...] von Farbigen erschlagen" (→S. 196) schreibt. Doch dann richtet er den Blick auf die eigenen Reihen: „Wir wurden Tiere ..." (→S. 196). Im Gedicht „*Freunde – Brüder*" (→S. 197) finden wir im Fragment ein geistiges Zeugnis zum bewegenden historischen Phänomen der Verbrüderung von „feindlichen Soldaten" an der Front. Wir sollte das hierzu gehörende Bild nicht gering achten: Vorauseilende Europäer – ‚Menschen der Weihnacht' – unterbrechen für einen Augenblick den von oben verordneten Wahnsinn des Massenmordens und zeigen, was in einer nicht nur nominell *christlich* geprägten Zivilisation doch als Normalfall zu erwarten gewesen wäre.[21]

Wer sich nicht irreführen lässt vom Morgenrot-Pathos, von den märchenhaften Zutaten aus heimatlichen Goldähren[22] und „Deutschland-Sehnen", kann den Widerspruch zwischen erlernter Parole und durchlebtem Abgrund in ein und demselben Gedicht (z.B. „*Unser Sehnen*") leicht entdecken. „Neudeutsches Werden" war zuvor eigentlich nur eine Chiffre für den Wunsch nach der Selbstüberhöhung des eigenen – kleinen – Daseins oder für eine Erlösung vom Selbstsein. Doch jetzt, nach den Erfahrungen des Schlacht-Feldes, stellt sich die Frage, was aus „Europa nach den Bränden" (→S. 201) werden soll.

Die „*Soldaten träumen*" – noch immer, doch „jählings naht auf blutrotem Schiffe / Bruder Tod in weißlichem Linnen". Die Heilsversprechen des Krieges halten angesichts der blutigen Wirklichkeit nicht mehr stand („*Und nun...?*"):

Als die Kriegszeit jäh heraufwuchs,
die Batterien donnernd sprachen
und Gewehrkugeln ihr Mordlied zischten,

---

[21] Vgl. zum ‚Weihnachtsfrieden' an der Front: Donat 2016 (auch nachzulesen in diesem Buch direkt im Anschluss an meine Einleitung).
[22] Zur „Nutzanwendung" des heimatbewegten Komplexes in dieser Kriegsgedichtsammlung vgl. auf →S. 200-203 die Gedichte: „*Die Birkenbäumer Schlacht*", „*Grüß Gott!*", „*Soldaten träumen*", „*Wenn die Zeit bannt ...*".

als aller Dinge Dämme brachen,
dachten viele des hohen Spruchs
vom Auszug der Menschheit nach Neugestaden.
[...]
Die Begeisterung, die uferlose
erlebte einen verfrühten Herbst
und sank wie eine sturmgeknickte Rose
tief in den Schmutz.

Die Soldaten stehen auf „Sumpfposten", doch so hatte man sich die ‚lyrische Gewalt' des Krieges doch nicht vorgestellt: „Sehnsuchtstrunkne Worte fordern Leben, / reicht dafür unsere Kraft?" HENKE erlebt den „Krieg im Nebel":

Lieder, die man einmal sang,
nun dämpft verhaltnes Weinen ihren Klang.
Kein Abendrot umzittert uns auf diesen Pfaden,
kein Glockenton rührt unser Herz – –
wir denken der toten Kameraden ...

Gewiss, mit HENKES „Mit Blumen, Blei und Liedern" liegt ein schmaler Propagandaband vor, ein Zeitzeugnis aus dem Kriegswahn. Mit gleicher Berechtigung aber kann man über diese Sammlung sagen, dass sie eine Anklage des Krieges ist. Beide Seiten spiegeln durchaus auch die widersprüchliche gesellschaftliche Stimmungslage im Jahr 1916.

DIE HEIMATERDE

Die Schlacht verröchelt im fernen Grund.
Im Feldspital ein Krieger, unter scharfen Messern
sich windend, des Todes Kuß auf bleichem Mund.
Zuend der Aerzte Kunst und Wissen.

„Erfüllt mir", bettelt er flüsternd-leis,
„wenn mich des Himmels Pracht umsonnt, die letzte Bitte".
Ein Tüchlein dann, heißer Heimatliebe Preis,
hält er in seinen schmalen Händen.

„Ein Kleinod birgt, von besonderm Wert
für mich, dies rotgeblümte Tuch in seiner Falten;
die Mutter gab's . . . neunzehnhundertvierzehn. Leert
es über meiner morschen Hülle!

Was sie dadrinnen behutsam barg
vom heil'gen Boden, den der Väter Pflug durchfurchte, —
o streut in meinen rohgefügten Sarg
mir diese Handvoll Heimaterde!"

JOSEF A. HENKE

Im Rachen der Mordmaschine:
Henkes späte Gedichte
für die Schwester

Eine besonders enge Beziehung verband J.A HENKE mit seiner Schwester Maria, die später als Geisteswissenschaftlerin promovierte (Krause 1987b, S. 359). Im 1915 veröffentlichten Gedicht „*An stillen Abenden*" (→ S. 182) erscheint es ihm, „als hätt' die Schwester gebeten, / wir möchten doch im lauten, baldverwehten / Tun der Jugend unsre Seelen / Fleckenlos und rein zu Großem stählen". Hier tritt die Schwester gleichsam als „Kriegsmuse" in Erscheinung. Im (oder ab) Mai 1916 stellte HENKE unter dem Titel „*Gedichte. Meiner Schwester Maria*" eine Sammlung zusammen, die im „Schützengraben a. der Dünafront vor Oger-Galle" geschrieben ist und in dieser Werkausgabe erstmals gedruckt wird (→Kapitel VIII). Das Eingangsgedicht „*Weckruf!*" ist noch ganz dem nationalistischen Kriegskult verhaftet; der Michel soll sich nicht mit „Welschem Flittertand" schmücken: „... sei / nur Deutscher, sei Germane!"

Zum Teil bellizistisch gestaltet ist auch der Text „*Wir tauschen mit euch Ärmsten gern*" (o.T.); die Menschen daheim sollen aber nicht „mit unsern Siegen" prunken und „unsre Tat" mit „geifervollen Witzblattscherzen" schmälern. Die – besonders in den deutschen Städten – sich abzeichnende Nahrungsmittelknappheit ist HENKE evtl. noch nicht bekannt: „Wir gönnen Euch daheim das Glück – und doch: wir neiden euch jeden Kirchgang". Hier nun offenbaren sich im Krieg „regressiv" gefärbte Geborgenheitswünsche, die dann in anderen Gedichten eigens zur Ausführung kommen: zunächst die Sehnsucht nach unschuldigen Kindertagen, Heimat und Liebesglück („*Glück*", „*Bildchen*", „*Abend*", „*Kinder im Mai*"), dann auch wieder der Wunsch einer religiösen Selbstvergewisserung („*Maria im Schützengraben*"). Doch wer mit neu gefassten Reimen – „ob deutschem Wald und Dorf" – „der Maschinen schrill Getriebe" übertönen will, muss die Blüten seines Dichtergartens „vor Sturm und roher Kraft" bergen („*Den Dichtern*"). Das ist im Schützengraben geschrieben!

In unbekümmertem „Volkston" präsentiert sich das „*Reiterlied*" von der kurzlebigen Soldatenliebe, die sich einfach nimmt, wonach ihr verlangt: „Husaren, Ulanen und alle Reitersleut, / die küssen, wo ein roter Mund sich beut." Doch muss man nicht das Gedicht „*Heimse ein!*" geradewegs als Bekenntnis des Dichters lesen, dass ihm – im Gegensatz zu den Kameraden – eine solche schnelle ‚Liebesbeute' verwerflich erscheint?

Auch diese Sammlung vermittelt keine Eindeutigkeit. Am Ende jedoch ist im Zwiespältigen und Widersprüchlichen die Anklage nicht überhörbar. Schon der zweite Text – „*Fern gehen dumpf Geschütze*" (o.T.) – straft alle Heimatlieder Lügen:

… Zerschossner Dörfer Brände
röten rings den Himmel,
Leuchtkugeln steigen nächtens im Gelände.
Vögel singen laut vom Frieden.
Unsre Kehlen schnürt gewalt'ger Hass.

HENKE versetzt sich im Gedicht „*Er fiel*" in die Perspektive einer Soldatenbraut: „mein Klagen kennt nur: Er ist tot. […] / Verscharrt im Land … Ich weiß ja bloß: / Er fiel …". Er offenbart als „*Der Obdachlose*", im Dorf verleidet – wenngleich die Mutter dort auf ihn wartet:

Noch reicht die Kraft zum Heimwärtswandern;
doch deckt im nächsten März
vielleicht die Heimaterde
ein wegverfahrnes Herz.

„*Wenn die Kanonen schweigen*" – dieser Text beginnt verheißungsvoll – „… ich wiederkehr in meiner Heimat Tal". Die Schluss-Strophe bedarf keiner Interpretation:

Wenn die Kanonen einstens schweigen, – –
dann lieg ich tot schon wo im Sand;
die Ewigkeit wird sich dann zu mir neigen,
und Saaten ... Ähren ... über meinem Grab.

Im Gedicht „*Der Himmel senkt die Fahnen nieder*" (o.T.) teilt uns der Dichter mit: „die weite Welt will weinen. [...] ich schreie / nach Gott, und auf mich stürzt das ganze / masslose Leid der Welten." Der Abgrund gewinnt geradezu kosmische Dimensionen. Den Abschluss der Sammlung bildet der Psalm „*Das Volk betet*", der eine Wiedervereinigung der Völker – als Gäste eines großen Freudenfestes – ersehnt:

Herr, wielange noch willst du die Geissel schwingen,
wielange noch soll Waffenlärm zu deinem Himmel dringen?
Schreit nicht das [massig] viele Blut zu deinem Thron?
Niederkniet dein Volk im Gebet und frommen Büsserlied –
siehe, dein Sohn
wandelt kreuztragend über leichenbesäte Felder;
o send ihn uns als Friedensmelder
in unsere Hütten!

Aus J.A. HENKES Briefen an seine Schwester liegt mir nur die unvollständige Kopie einer Feldpost vom 24. August 1917 vor:

Liebe Schwester!
Über Deinen wirklich langen Brief habe ich mich sehr gefreut, ich erhielt ihn gestern, als wir kaum aus der grausigen Schlacht zurückgekommen waren. Vielen Dank sage ich auch für das Erikasträusschen und den prosaischen Fünf-Mark-Schein. – Wie es uns erging, schrieb ich ja schon; ich kann von grossem Glück sagen, dass ich ganz und heil aus dem furchtbaren Schlamassel herausgekommen bin. Wie mancher Kamerad, der auch schon Tag und Nacht vom Urlaub träumte, ruht schon seit Tagen unterm Rasen! Wer weiß, ob's mir nachher

vergönnt sein wird, in Urlaub zu fahren? Überdies dauert es noch geraume Zeit, bis die Reihe an mich kommt – mit der Urlaubskarte geht es sehr langsam bei unserem Regiment. Ein Gesuch könnte ja mal gemacht werden, aber direkt an die 76. Division oder ans Kriegsministerium. – Das Paketchen, das Ihr Pape mitgegeben habt, bekam ich am 4. oder 5. August; kurz bevor der Schwindel hier losging; herzlichen Dank dafür! Die Geschichte von Deinem Namenstage – *bekanntlich* am 26. Juli – ? ist ja ergötzlich. Du musst jetzt schon meine Glückwünsche für den zweiten Septembersonntag, also Deinen eigentlichen Namenstag, entgegennehmen, denn solche an und für sich ja bedeutungs- [Ende der Ablichtung im CKA]

Etwas mehr als zwei Monate später war auf dem Totengedenkzettel von JOSEPH ANTON HENKE zu lesen: „Im Juni 1915 zog er ins Feld. Bis zum November 1916 kämpfte er an der Düna, dann nahm er Teil an den Kämpfen in Rumänien, in denen er sich das Eiserne Kreuz II. Klasse erwarb. Am Abend des 30. Oktober 1917 erhielt er beim Ablösen vom Posten einen Kopfschuß, der den sofortigen Tod herbeiführte."[23] Die Kriegsgräberfürsorge teilt mit: „Erstbestattet: Straoane-Muncelo; umgebettet nach: Tifesti, Cimitirul Eroilor ‚Frunzoaia' [Soldatenfriedhof mit 5.349 deutschen Toten des ersten Weltkrieges], Cripta"[24]. Folgende Zeilen der Schwester Maria an den toten Bruder sind überliefert:

„Nicht tot bist Du, Du meine Seele, du mein blauer Himmel, meine warme Sonne. – In den lieben Bergen, am Ort, wo wir so oft zusammensaßen, sammle ich deine Reime, lieber großer Bruder, um sie den Menschen zu zeigen, daß sie dich auch gern habe – nicht allen, nur den stillen, die die Blumen lieben, die helle Sonne, die hohen Berge und die braune Scholle!" (zit. Hoffmeister 1923, S. 6)

---

[23] Die Mitteilung eines schmerzlosen ‚Sekundentodes' in Briefen des Militärs an Angehörige entsprach natürlich häufig einer „Formatvorgabe".
[24] Schreiben vom 20.7.1999 an Claus Henke, Finnentrop-Fretter (Kopie: CKA).

Jesus! † Maria! † Josef!

„Viel zu früh schiedest du von deinen Lieben,
Doch nach Gottes Ratschluß war es so beschieden,
Daß dich deckt die Erd' in Feindesland,
Bis wir uns wiederschau'n im ew'gen Vaterland.
Auf Wiedersehen, in Lieb' und Treue.

Zum frommen Andenken
an den für das Vaterland gefallenen
Schriftsteller Joseph A. Henke
4. Komp., Reserve-Inftr.-Regt. 253.

Der liebe Gefallene wurde am 23. Juli 1892 zu Frettermühle geboren. Im Juni 1915 zog er ins Feld. Bis zum November 1916 kämpfte er an der Düna, dann nahm er Teil an den Kämpfen in Rumänien, in denen er sich das Eiserne Kreuz II. Klasse erwarb. Am Abend des 30. Oktober 1917 erhielt er beim Ablösen vom Posten einen Kopfschuß, der den sofortigen Tod herbeiführte.

Auf dem Heldenfriedhof zu Mangalaciul in Rumänien liegt er begraben.

Die Seele des im Herrn Entschlafenen wird dem Gebete der Gläubigen, besonders dem hochheiligen Opfer der Priester am Altare empfohlen.

Requiescat in pace!

Süßester Jesu, sei ihr nicht Richter, sondern Erlöser!
Mein Jesus, Barmherzigkeit!

Ansätze zu einer überzeugenden Mundartlyrik

Die der Schwester gewidmete und an der Kriegsfront entstandene Sammlung vom Mai 1916 enthält auch die Mundarttexte „*Im Wienholte ...*" (o.T.) und „*Sprüike*" (→S. 131-132), welche FRANZ HOFFMEISTER im Januar 1923 in der Zeitschrift des Heimatbundes – mit neuer Schreibweise – abgedruckt hat (Hoffmeister 1923, S. 5). Aus den „Sprüchen" lässt er aber bezeichnenderweise diesen dritten fort, demzufolge ein Mensch im Galopp durch die *dumme Welt* saust und – aufgrund von ‚Ameisen im Kopf' – sein Zelt schon auf halbem Weg aufbauen muss:

Ne blecken Kopp,
ne krausen Nacken,
en smiäreg Miul –
seo foihr me im Galopp
diär dai dumme Welt.

Wai awer Kramenzelten uawen hiät und Müggen
un seogar ne stiven Rüggen,
dai matt fake sin Zelt
op halwem Wiäge buggen.

Diese Texte gehören – im Rückgriff auf die plattdeutsche Muttersprache – zur Heimatvergewisserung in der Kriegssammlung. Hier kommen keine Abgründe zur Sprache, aber das humoristische Genre wird auch nicht bedient („*Im Wienholte ...*" enthält einen poetischen Blick auf die Frühlingswelt der Kinder).

Schon vor seinem Kriegsdienst hatte HENKE sich in Frettermühle ja an die Mundartlyrik herangewagt (s.o.). Neben dem schon genannten – schwankähnlichen – „*Plattduitsk-Unterricht im Hiemmel*" ist vermutlich aus dieser Zeit auch das Gedicht „*Wiärümme nit?*" als Handschrift erhalten:

Wiärümme siek nit fröggen,
Wo't Liäwen doch söe wenket?

De schoinsten Blaumen blögget
In weiken Froihjohrsnächten.

De Sunne lachet vam Hiäwen
Söe fröndlek-warem raffer
Op all dät junge Liäwen,
Wat doch blöeß äinmol blaumet.

Et löchtet diusend Farwen
Vam Muaren bit taum Owend –
Noch fröeh genaug weerd Garwen
Im Hiärwestwinne stohen.

Das später im Sauerland so populär gewordene Gedicht „Min Duarp ..." soll hingegen nach Ausweis der Erstveröffentlichung (Henke 1922) wieder „1916 im Felde entstanden" sein. Zu diesem Text liegt uns im Nachlassordner nur die Ablichtung einer Handschrift vor, deren Schreibweise sich von allen bislang veröffentlichten Fassungen unterscheidet:

Min Duarp, en Hius,
ne Linnenbeom,
iut allen Gärens en Blaumenstriuß
steit Dag fiär Dag in minem Dreom
o wör iek wier terhaime!

En Kinnerlaid,
en Mutterwoort,
dät kümmet fake mi in de Mait' –
wiu lange hiär me 't nit mehr hoort?
o wör iek wier terhaime!

De Klocken lütt
den Sunndag in.
Iek saih, witlöftege Stroten tütt

dohin, wo iek terhaime sin.
O wör iek wier terhaime!

Un mäiks diu mi
de Eogen tau,
Guatt giewe, därr iek viärhier noch fri
un glücklek bi mi spriäcken dau:
Niu sin iek wier terhaime!

Zum biographischen Hintergrund dieser Dichtung kann man in der TRUTZNACHTIGALL nachlesen: „Im Juli 1916 kam Anton Josef Henke einmal aus dem Feld heim. Seinem Bruder sagte er, dass er das Sauerland zum letzten Mal sehe. So wurden die Urlaubstage zu einem immerwährenden Abschiednehmen. Unsagbar schweren Herzens sagte er jedem trauten Plätzchen Ade, zuletzt der Linde vor dem Hause, darunter er lange sinnend stand – noch einmal glitt ein Blick seiner tiefen Augen durch das Tal, dann begann die letzte Fahrt zur Front." (Hoffmeister 1923, S. 6) Gasthaus und Wirtschaftsgebäude in Frettermühle hatte der Urgroßvater „Waeg Anton" 1840 neu errichtet und dabei den im Gedicht genannten Lindenbaum für die Nachfahren „symbolisch und bewußt" stehengelassen (Krause 1987b, S. 359).

Was zu Beginn des 20. Jahrhunderts in der plattdeutschen Dichtung des Sauerlandes wirklich fehlte, war eine ernstzunehmende Mundartlyrik, die sich nicht in vereinzelten Ansätzen erschöpft. JOSEPH ANTON HENKE – so zeigen die wenigen, aber überzeugenden Mundartgedichte aus seiner Feder – wäre berufen gewesen, der Landschaft diese plattdeutsche Lyrik zu schenken. Das hat FRANZ HOFFMEISTER, der maßgebliche Initiator der sauerländischen Heimatbewegung nach dem ersten Weltkrieg, wohl erkannt. Noch bevor GEORG NELLIUS (1891-1952) im Mai- und Septemberheft des TRUTZNACHTIGALL-Jahrgangs 1923 CHRISTINE KOCHS „Twiegespräk" und „Waigenlaid" entdeckte, konnte er HENKES „Meyn Duarp" im Novemberheft 1922 dieser

Zeitschrift des Heimatbundes finden.[25] Schon 1924 komponierte NELLIUS als „opus 28,7" eine Vertonung dieses Gedichtes „für Männerchor" (veröffentlicht in: Nellius 1925). Weitere Tonsatz-Variationen zeugen davon, wie sehr ihn das Gedicht beschäftigt hat: opus 51 (hochdeutsche Übersetzung, Männerchor); opus 62,3 (hochdeutsch, Frauenchor); opus 63,8 (einstimmiger Volksgesang = Nellius 1935, S. 13); opus 72,3 (hochdeutsch, gemischter Chor); opus 89,1 (hochdeutsch, Duett). Durch dieses Lied hat ein Text von J.A. HENKE Eingang in die „Heimatkultur" des Sauerlandes gefunden. Sogar am Grab von Bundespräsident HEINRICH LÜBKE (1894-1972) wurde es gesungen (Bürger 2010, S. 402). Der Männergesangverein Ostentrop nahm die hochdeutsche Übersetzung in sein Repertoire auf, während der MGV Schönholthausen die originale Mundartfassung bevorzugte (Krause 1987a/1987b). - Beide Vereine haben anlässlich ihres 150jährigen Bestehens am 9. August 2000 zu einem Gedenksingen am Geburtshaus von JOSEPH ANTON HENKE eingeladen (Gedenksingen 2000). - Auf zwei Langspielplatten kann man die NELLIUS-Vertonung zu *„Meyn Hius ..."* hören, interpretiert vom MGV Eintracht Hachen und MGV Cäcilia Sundern (LP „Lieder aus dem Sauerland" 1969) oder vom MGV Rumbeck 1890 (LP „Plattduitsk iut'me Siuerlanne" 1982).

Zumindest nach dem zweiten Weltkrieg war aber der Dichter selbst im Sauerland kaum noch bekannt. In einer Kreischronik erschien sein Name abgeändert als „A. F. Henke" (Wigge 1953, S. 68). In einer Schulsammlung wurde das Lied „Meyn Hius" irreführend als Vertonung eines „CHRISTINE KOCH-Gedichtes" durch F. Lücke ausgewiesen.[26]

---

[25] Vgl. zu CHRISTINE KOCH: Bürger 2010, S. 342-348 und die Gedichtauswahl in: Mundart-Anthologie IV. Zu G. NELLIUS: Bürger 2010, S. 446-450; daunlots nr. 60*; daunlots nr. 69*.

[26] Plümpe/Wiemann 1960 (→S. 130). Die 1924 erfolgte Vertonung von Georg Nellius (→S. 129) zeigt in der Notenführung große Ähnlichkeiten; es scheint sich bei Lücke um eine leichter singbare und etwas weniger „moll-beladene" Bearbeitung des kunstvollen Liedes aus der Werkstatt von Nellius zu handeln.

Das Geburtshaus von Anton-Joseph Henke in Frettermühle: Hier kommt es am Mittwoch, 9. August, zu einem Gedenksingen der Jubelchöre aus Ostentrop und Schönholthausen. Foto: Friedhelm Tomba

Gedenksingen vereint die ältesten Chöre des Kreises

Ostentrop/Schönholthausen.
(toby) Am Ende haben die alten Sprichwörter doch recht: Musik vereint die Völker! Da können die beiden ältesten Chöre des Kreises Olpe keine Ausnahme machen. Die 150-jährigen Männergesangsvereine aus Ostentrop und Schönholthausen vereint ein Lied, dessen Zeilen 1916 inmitten kriegerischer Auseinandersetzungen an der Front geschrieben wurde: „Meyn Duorp" (Mein Dorf) von Anton-Joseph Henke. Fernab seiner Heimat gedachte der gebürtige Frettermühler seinen geliebten Sauerländer Freunden. Der Text wurde später von Georg Nellius vertont. Am Mittwoch, 9. August, kommt es um 18.45 Uhr vor dem Geburtshaus von Anton-Joseph Henke in Frettermühle zu einem Gedenksingen.
Der MGV Schönholthausen, der „Meyn Duorp" in der plattdeutschen Version einstudiert hat, und der MGV Ostentrop (singt das Lied mit hochdeutschem Text) wollen mit dieser Gemeinschaftsaktion ihre Heimatverbundenheit zum Ausdruck bringen. Doch damit nicht genug: Nach dem Gedenksingen wandern Sänger, Ehrengäste und Zuhörer rund 400 Meter weiter zur alten Mühle. Dort, wo sich heute ein schmuckes Mühlencafé befindet, wurde vor genau 150 Jahren der Chor gegründet, aus dem die beiden Jubelvereine später hervorgingen. Familie Brill aus Frettermühle, die im Besitz der alten Mühle ist, gab die Zustimmung, an der Außenmauer eine behauene Schiefertafel anzubringen. Die Inschrift erinnert an die Pionierarbeit der Gründungsväter und dokumentiert den gemeinsamen Ursprung der beiden Vereine.
Der MGV Ostentrop und der MGV Schönholthausen wurden von Landrat Frank Beckehoff mit dem Titel „Chor des Jahres" bedacht. Die Nachbarn sind sich der Verpflichtung bewusst: das Gedenksingen und das anschließende Stelldichein vor der alten Mühle gehen als dritte Gemeinschaftsaktion im Jubiläumsjahr 2000 in die Archive der Sänger ein.
Vor der Mühle kommt es zu weiteren Liedvorträgen. Neben Heimatliedern und Auszügen aus dem Repertoire formieren sich die Sänger auch zu einem großen Gemeinschaftschor. Musik vereint auch Ortschaften.
Ehrengäste der Veranstaltung werden Finnentrops Bürgermeister Dietmar Heß, Josef Hupertz (Vorsitzender des Kreissängerbundes Bigge/Lenne) und Pastor Franz Rinschen sein.

Bericht zum Henke-Gedenksingen der Chöre Ostentrop und Schönholthausen
(Sauerlandkurier, 6.8.2000)

Anmerkungen zum Nachlass und zu dieser Edition

Hochtrabend erscheint J.A. HENKE in Gedenkartikeln als „Ein Frühvollendeter", als „Sauerländischer Volkspoet" oder als „Stern, der über dem Sauerland geleuchtet hätte". Lehren aus seiner tragischen Biographie und seinem sinnlosen Sterben hat man nach 1918 nicht gezogen (ab 1928 kamen die antikapitalistischen und pazifistischen Stimmen kritischer Katholiken im SAUERLÄNDER HEIMATBUND schon nicht mehr zum Zuge[27]).

Die wirklich maßgeblichen Beiträge von Autoren, die HENKES Familie in Frettermühle aufgesucht haben, sind schnell überblickt (Hoffmeister 1923; Padberg 1954). Den Veröffentlichungen von Jochen Krause, der darüber hinausgehend einige wenige familiäre und heimatgeschichtliche Details ergänzt hat, mangelt es leider an einer wirklichen Kenntnis und sachgerechten Einordnung der Werke. Das für die überregionale Rezeption lange sehr bedeutsame Nachschlagewerk „*Sauerländer Schriftsteller*" bietet – abgesehen von Spekulationen und schwer nachvollziehbaren Wertungen – im Grunde keine wirkliche Orientierung zu diesem Dichter.[28]

Die hier vorliegende kleine Werkausgabe gibt allen Interessierten die Gelegenheit, sich anhand der Texte J. A. HENKES aus den Veröffentlichungen und dem nunmehr erschlossenen handschriftlichen Nachlass (Nachlassverzeichnis →Kapitel X) einen eigenen Eindruck zu verschaffen. Soweit greifbar, sind alle hochdeutschen Gedichte (→Kapitel VI-IX), alle Mundartgedichte (→Kapitel III) und alle plattdeutschen Prosastücke (→Kapitel IV) vollständig enthalten. Anders als bei der ersten Internetdokumentation ist in der vorliegende Ausgabe auch HENKES Büchlein „*Sauerländische Volkspoesie*" von 1913 ungekürzt aufgenommen worden (→Kapitel II).

---

[27] Vgl. daunlots nr. 60*; daunlots 61*.
[28] Rost 1990, S. 80-81. Vgl. inzwischen aber die Ausführungen von Manfred Raffenberg in: CKG 2014, S. 29-54.

Manuskriptseite aus dem Nachlass (CKA)

Die einzige nennenswerte Einschränkung der Auswahl bezieht sich auf ein halbes Dutzend hochdeutscher „Prosatexte" im handschriftlichen Nachlass[29], von denen zwei in dieser Einleitung zumindest mit je einem Abschnitt zitiert werden. Die sehr gut lesbare Aufsatzhandschrift *„Schillers ‚Räuber'"* hätte auch aufgrund ihres Umfangs den Rahmen einfach gesprengt. In den anderen Fällen wäre die Transkription der –außerordentlich schwer zu lesenden – Manuskripte schlichtweg ein zu aufwändiges Unterfangen geworden.

Die handschriftlichen Nachlassblätter weisen eine große Spannbreite auf. Es gibt sorgfältige Reinschriften und denkbar „zügig" geschriebene Skizzen. Das meiste steht in „deutscher Schreibschrift", doch auch lateinische Buchstaben (bisweilen direkt neben anderen) oder – an einer einzelnen Stelle versuchsweise – Druckbuchstaben werden benutzt. Dort, wo der Nachlasshüter Claus Henke bereits *handschriftliche* Transkriptionen von Manuskripten erstellt hat[30], hat der Bearbeiter diese dankbar zur Hand genommen, aber auch in diesen Fällen wurden zumindest bei der Textkorrektur stets die Originale zugrundegelegt. Soweit es eine ausschließlich ehrenamtliche Bearbeitung zulässt, habe ich bei der Erstellung dieser Werkausgabe Sorgfalt walten lassen (und durchgehend für eine Transparenz der Quellenlage gesorgt). Alle Wörter mit unsicherer Transkription stehen in eckigen Klammern oder sind zusätzlich kursiv gesetzt (bei diesem einfachen Verfahren entsteht natürlich nicht immer eine wohlgefällige Textgestalt). Unterschiedliche Schreibweisen (z.B. einmal „ss", ein anders Mal „ß") bleiben erhalten. Bei schon veröffentlichten Texten wurden nur sehr wenige *offenkundige* Fehler im Satz stillschweigend verbessert.

---

[29] Vgl. im Nachlassverzeichnis →Kapitel X unter: K.1-4/N.1-2/O.1-4.
[30] Die entsprechenden Titel sind mit einem Sternchen* gekennzeichnet im Nachlassverzeichnis →Kapitel X.

Während des Waffenstillstands an der Ostfront 1918.
Deutsche und russische Soldaten feiern mit Tanz zwischen den Stellungen.
(Bundesarchiv: Bild 183-S10394)

Weihnachten und der Widersinn des Krieges

Von Helmut Donat

Der drüben durch die Scharte
nach meinem Schatten lugt und zielt,
er war vielleicht mein Freund auf hoher Warte, –
wie grausam doch das Leben spielt!
*Joseph Anton Henke (1892-1917):
Gedicht „Freude – Brüder"*

Sich mit dem Feind zu verbrüdern, gilt in Kriegszeiten als Landesverrat. Doch Friedenssehnsucht und Verständigungsbereitschaft machen selbst vor Frontsoldaten nicht Halt. Viele Beispiele aus den beiden Weltkriegen belegen das. Gerade noch in erbitterte Kämpfe verwickelt, legen sie die Waffen nieder und verlassen die Gräben.

Die Soldaten reichen sich die Hände, singen Lieder, tauschen Geschenke und Lebensmittel aus. Doch wer sich als „Friedensbote" aus seiner Deckung begibt, muss damit rechnen, dass ihm die Kugeln um die Ohren fliegen. Ein Versöhnungstreffen wagen, dazu gehört Mut. Man weiß nicht, ob das Ansinnen beim Feind auf „Gegenliebe" stößt. Wer es dennoch tut, riskiert sein Leben.

Kaum ein Ereignis hat Soldaten so aufgewühlt wie Weihnachten – das Fest des Friedens. Vielen wurde allmählich die ungeheure Tragödie bewusst, in der sich die Menschheit befand. Die christliche Botschaft machte die Frontkämpfer für einen Augenblick nachdenklich. Die Erinnerung an die Weihnachtsfeste ihrer Kindheit überkam sie, ihre Gedanken schlugen eine Brücke zur Heimat, und das Fest der Versöhnung stand in einem beispiellosen Kontrast zu dem Massaker, in dem sich die Menschen täglich zerfleischten. Das spürten viele Frontkämpfer auf beiden Seiten, und sie hielten inne in ihrem Tötungsrausch. Jedoch längst nicht überall: Auch Weihnachten wurde an vielen Frontabschnitten geschossen und getötet.

Weihnachten 1914 an der Westfront

Legendär geworden ist die „Feindberührung" Weihnachten 1914 an der Westfront. Deutsche und britische Soldaten liegen sich gegenüber. Die Deutschen fangen an: „Hallo, Tommy!" Prompt schallt es von den Briten zurück: „Hallo, Fritz" – Rufe mit Signalwirkung. Die Deutschen kriechen aus ihren Schützengraben, ebenso die Engländer. Es kommt zu einer herzlichen Begrüßung zwischen den Gegnern. Sie rauchen gemeinsam Zigaretten und spielen sogar Fußball – wohl das denkwürdigste Fußballspiel aller Zeiten.

„Nach etwa dreißig Minuten", erinnert sich der englische Kriegsveteran Bertie Felstead, „erschien plötzlich ein laut brüllender Major und schrie uns an: Ihr seid hier, um gegen die Hunnen zu kämpfen und nicht, um mit ihnen Freundschaft zu schließen! Wir kehrten darauf in unsere Schützengräben zurück. Während dieser freundschaftlichen Begegnung konnte von hinten keiner auf uns schießen, weil wir uns ja alle vermischt hatten. Die hätten die eigenen Leute getroffen." – „Der Ball kam plötzlich irgendwoher, aber von der anderen Seite", berichtete später in einem Interview auch der frühere britische Soldat Ernie Williams von den 6th Cheshires. „Alle stürzten sich darauf; wir waren so ein paar hundert Mann, die damit spielten. Auch ich habe ihn gekickt. Alle schienen Spaß daran zu haben. Es gab keinerlei feindliche Gesinnung zwischen uns." Wenig später liegen dieselben Soldaten wieder in ihren Stellungen, um einander totzuschießen. Auf höheren Befehl. Nichts macht den Widersinn des Krieges deutlicher als die befohlene Ermordung von Menschen, mit denen man soeben Freundschaft geschlossen hat.

Was veranlasst Soldaten,
mit dem Feind zu fraternisieren?

Die Frage berührt nicht nur psychologische Hintergründe, auch nicht nur politische Gesinnungen. Sie greift weit darüber hinaus. Vielleicht war und ist es ganz einfach das Heraufdämmern der Ahnung, dass wir alle Mitglieder einer großen Völkerfamilie sind, dass wir – ob Freund oder Feind – derselben Gattung oder Zivilisation angehören, einem Kulturkreis, dem wir alles, was wir sind, verdanken: Kunst, Literatur, Musik, Technik, Liebe, Sitte, Toleranz, Bildung, Humanität, Religion, Spiritualität und vieles andere mehr. Und dass die Menschen, die sich „auf höhere Anweisung" gegenseitig zerfleischen, im Begriff sind, dieses hohe Erbe zu zerstören.

An einem Frühlingstag 1940. Hauptmann Willi Brepohl macht mit vier Offizierskameraden einen Spaziergang im Niemandsland zwischen Westwall und Maginotlinie. Plötzlich kommen zwei französische Offiziere auf sie zu. Doch keiner denkt daran, die Pistole zu ziehen. Die Franzosen, höflich in ihrer Sprache angerufen, antworten ebenso freundlich. Sie setzen sich mit den Deutschen auf den Rasen. Alle sind verlegen und beklommen. Nur zögernd entwickelt sich ein Gespräch. Die Überraschung hat Freund und Feind überwältigt. Einträchtig sitzen die Deutschen mit dem „Erbfeind" auf der grünen Wiese und plaudern. Keiner denkt an Schießen oder daran, den anderen gefangen zu nehmen. Nach einer Weile verabschieden sich die Gegner – und verabreden ein neues Treffen.

Schon am nächsten Tag ist es soweit. Die Franzosen bringen Kameraden mit, bieten Rotwein und Cognac an. Die Deutschen haben reichlich zu Essen dabei. Man macht sich miteinander bekannt, stellt sich mit Namen vor. Die Unterhaltung nimmt nun einen lockeren Verlauf. Man spricht über die Weltlage und tauscht Heimatadressen aus. Für kurze Zeit entsteht eine herzliche Freundschaft. Die denkwürdige Begegnung wiederholt sich in den nächsten Tagen noch ein paar Mal.

Der ganze Krieg war widersinnig

Obwohl der Verbrüderungsgedanke im Osten nach dem Überfall auf die Sowjetunion kaum eine Chance besaß und der ideologisch geführte Krieg mit Grausamkeiten und einer Erbitterung verbunden ist, die in der Geschichte kaum ihresgleichen kennt, finden sich auch hier Beschreibungen einer Fraternisierung zwischen deutschen und sowjetischen Soldaten. In Stalingrad rufen die Deutschen den Russen in einer Gefechtspause zu: „Habt ihr Butter oder Fleisch?" Die drüben antworten, bei ihnen gäbe es nur Salzheringe. Also wickeln die Deutschen etwas Brot in eine alte Zeltplane, werfen es den Russen herüber und erhalten dafür Heringe.

Das war natürlich verboten. Aber auf beiden Seiten sind die Soldaten gleichermaßen kriegsmüde und ausgehungert. Hubert Kremser, der das Erlebnis in seinem Tagebuch festgehalten hat, schreibt: „Zuerst schießt man aufeinander, dann wirft man sich Brote zu. Das ist natürlich ein Widersinn, aber der ganze Krieg war widersinnig, das hatten wir in dieser Endphase erkannt."

Noch eindrucksvoller ist, was Hans Schäufler, Nachrichtenoffizier an der Ostfront, Weihnachten 1941 erlebte. Nach wochenlangen, verlustreichen Kämpfen vor den Toren Moskaus muss seine Panzerabteilung der russischen Übermacht weichen. Nur etwa hundert Mann der Einheit haben den erbarmungslosen Winterkrieg lebend und gesund überstanden. Ihr Auftrag: Zurück zur Ausgangsstellung und Sammeln in Kromy, einem Städtchen südwestlich von Orel. Hier wollen die Geschlagenen ihr erstes Weihnachten in Russland feiern.

Abseits des tief verschneiten Städtchens finden sie auf einem flachen Hügel eine halb verfallene russische Kirche, orientalisch anmutend, mit fünf seltsam gewundenen Zwiebeltürmen. Der Schnee liegt kniehoch im Innenraum, Eiszapfen hängen in den leeren Fensterhöhlen, Rauhreif bedeckt die zerschundenen Wände. Die Soldaten stellen zwei Fichten auf, schmücken sie mit Kerzen und Lametta aus den Weihnachtspäckchen von zu Hause.

Aus rohen Brettern zimmern junge Burschen einen klobigen Altar und eine primitive Kommunionbank.

In das Hämmern und Sägen platzt ein aufgeregter Melder, der Häusler einen Funkspruch aushändigt: „Kosakenregimenter im Anmarsch auf Kromy – rege Partisanentätigkeit in der Stadt – laut Agentenmeldung bereiten reguläre russische Truppen, in Zivil verkleidet, Angriff vor und leiten ihn von hier aus." Häusler weiß, wenn er die Meldung an den Kommandeur weitergibt, muss seine Einheit sofort die Stellungen vor der Stadt besetzen. Aber er will und kann nicht glauben, dass die Russen gerade in den nächsten zwei Stunden kommen sollen. Er weiß, wie sehr sich die Kameraden auf die besinnliche Stunde freuen, drängt alle Bedenken zurück und lässt den Funkspruch in seiner Hosentasche verschwinden. Früh bricht die Nacht ein.

Posten halten rund um die Kirche Wache

Die übriggebliebenen Männer der Panzerabteilung verlieren sich im weiten Rund der russischen Kirche. Andächtig lauschen sie der Heiligen Messe. Ein eigenartiges Bild: Gespensterhaft angestrahlt von den flackernden Kerzen der beiden Christbäume steht der Feldgeistliche am schmucklosen Altar. Schneeflocken schweben durch das zerrissene Kirchengewölbe und legen sich behutsam auf die Schultern der feldgrauen Ministranten, auf das Messgewand des Priesters und auf die Zweige der geschmückten Fichten.
Häusler dreht sich um, will in die Gesichter der Soldaten schauen – und glaubt seinen Augen nicht zu trauen. Kopf an Kopf stehen die Einwohner von Kromy hinter ihnen, bärtige Männer mit Rindensandalen an mit Lumpen umwickelten Beinen, Frauen in abgeschabten Schafpelzen und dunklen Kopftüchern. „Aber noch nie in meinem Leben", schreibt Häusler, „habe ich so schöne, so gläubig verklärte Gesichter gesehen … Tränen rannen durch ihre

zersorgten, von Hunger und Krieg gezeichneten Gesichter. Das ‚Ehre sei Gott in der Höhe und Friede den Menschen auf Erden' leuchtete aus ihren Augen."

In einer dunklen Ecke entdeckt Häusler plötzlich eine Gruppe junger russischer Männer; die Pelzmützen trotzig auf dem Kopf, lehnen sie ohne Teilnahme an der Zeremonie an der Wand – mit Augen „voll unheimlichen Hasses, Augen, wie man sie nie mehr vergisst." Mitten unter ihnen eine hohe, schlanke Gestalt mit scharf geschnittenem Gesicht und intelligentem Blick. Wie ein Blitz durchfährt es Häusler – der Funkspruch. In dem auffallenden Mann entdeckt er den Führer der Leute. Da geschieht etwas Seltsames. Der Pfarrer erteilt den Segen, schlägt das Kreuz des Erlösers mit klammen Händen über die im Schnee kniende Schar, über Russen und Deutsche, Freunde und Feinde. Umständlich nimmt der auffallende Mann die Pelzmütze ab, senkt den stolzen Kopf, und alle die jungen Männer folgen seinem Beispiel, zögernd, aber ohne Ausnahme.

Zwei Mundharmonikas stimmen das Lied „Stille Nacht, heilige Nacht", das von den schneeglitzernden Wänden widerhallt und der Wind durch das offene Kirchengewölbe hinaus zu den Wachsoldaten trägt. Langsam leert sich das Gotteshaus. Häusler verlässt es als letzter. Draußen tritt ihm der Mann mit den Offiziersstiefeln entgegen. Er ist allein, sieht dem Deutschen lange und schweigend in die Augen. In seinem Blick ist ein eigenartiger Glanz. In holprigem Deutsch spricht er mehr zu sich selbst als zu Häusler – feierlich und bedächtig, wie man einen Eid spricht: „Christ ist geboren!" Dann küsst er den Deutschen, wie es im alten Russland Weihnachtsbrauch ist, auf beide Wangen. Die beiden Männer drücken sich fest und lange die Hand und, so Häusler, „ich verstand ihn, obwohl er kein Wort mehr sprach. Dann ging er mit sicherem Schritt hinaus in die Nacht."

Der Leidensweg, den die Menschheit gehen muss

Es gibt kaum einen eindrucksvolleren Appell an die Friedenssehnsucht der Menschen als die Fraternisierung. Was in den Herzen sich verbrüdernden Frontsoldaten vorgeht, passt nicht in das Denkschema der offiziellen Kriegsführung. Es passt nicht in eine „Politik", die von Frieden spricht und dem Krieg Tor und Tür öffnet. Und es passt nicht in gewisse Machtinteressen, die den Tod von Soldaten und Zivilisten in Kauf nehmen und den Mord zu einem notwendigen Übel erklären. Der Leidensweg, den die Menschheit gehen musste, bis sie erkannt hat, dass der Krieg keine Lösung schafft, sondern sie verhindert und neue Konflikte nach sich zieht, weist uns hingegen den Weg zum Frieden.

Wenn die beiden Weltkriege überhaupt so etwas wie einen tröstlichen Aspekt für die Entwicklung des Menschengeschlechts haben können, dann verdienen die Versuche von Frontsoldaten, mit dem Feind in freundschaftlichen Kontakt zu treten, besondere Beachtung. Sie wollten Frieden. Ihm – und nicht dem Krieg – gehörte und gehört die Zukunft. Nicht der Krieg ist – wie man den Menschen heute wieder weismachen will – der „Ernstfall", sondern der Friede. Eine wirkliche Begründung menschlicher Gesellschaft findet da statt, wo die Sozialisierung der antisozialen Menschennatur auf den Schild gehoben wird. „Pazifismus" ist mehr als nur die beliebige Teilarbeit eines Kulturwerkes. Es ist das Fundament aller Fundamente, ohne das alles andere Schein und Lüge bleibt, es ist das Allereinfachste und Allerschwerste in jedem Haushalt, jedem Kollegium, jedem Büro, jeder Fabrik, jeder Schule und jeder Garnison – in Deutschland wie in Syrien, allerorten.

Die geschilderten Beispiele sind dem Buch von Heinrich Rieker entnommen: „Nicht schießen, wir schießen auch nicht!" Versöhnung von Kriegsgegnern im Niemandsland 1914 - 1918 und 1939 - 1945, 176 Seiten, 62 Abbildungen, ISBN 978-3-938275-18-4 im Donat Verlag.

Helmut Donat, * 1947, ist Bankkaufmann, Lehrer, Verleger und Historiker. Von 1975 bis 1980 Akademischer Tutor und Lehrbeauftragter der Universität Bremen. Die Tätigkeit als Verleger nahm er 1981 auf; 1996 Carl-von-Ossietzky-Preis der Stadt Oldenburg. Zahlreiche Publikationen zur Geschichte des deutschen Pazifismus und Militarismus, den Ursachen und Folgen des Nationalsozialismus, zum Revisionismus in der Geschichtsschreibung, zur „Preußen-Legende", zum „Historikerstreit" und zum Völkermord an den Armeniern.

Erstveröffentlichung dieses Beitrags: Donat 2016.

„Ernstfall Frieden – Lehren aus der deutschen Geschichte"
Über ein neues Werk von Wolfram Wette

Von Peter Bürger

Der Himmel senkt die Fahnen nieder,
schwer schweben Nebelschwaden auf die Erde,
der Tag schliesst seine müden Lieder –
die weite Welt will weinen.

*Joseph Anton Henke (1892-1917):
Gedichtsammlung von der Front 1916*

Das zur Jahreswende 2016/2017 erschienene Werk „*Ernstfall Frieden*"[1] von Wolfram Wette betrachte ich als herausragendes pazifistisches Buchereignis. Die Zeit drängt. Aktion tut Not. Lesen hilft, Energien freizusetzen und Sackgassen zu meiden. Meine im Folgenden ausgeführte Buchempfehlung enthält viele Elemente einer Rezension. Gleichwohl möchte ich sie nicht als Rezension bezeichnen. – Jahrzehntelange Mühen um eine „Geschichtsschreibung im Dienst des Friedens" (Dieter Riesenberger) und zahlreiche pazifistische Einsprüche aus den letzten Jahren sind eingeflossen in diese Neuerscheinung. Meine Seitenvermerke zum Buch nebst kurzen Stichworten füllen fünf große Blätter. Eine Rezension ohne Etikettenschwindel und mit Behandlung auch der kontroversen pazifistischen Standpunkte wäre ohne den doppelten Seitenumfang nicht zu bewerkstelligen.

---

[1] *Wolfram Wette*: Ernstfall Frieden. Lehren aus der deutschen Geschichte seit 1914. Bremen: Donat Verlag 2016 [2017]. Fester Einband; 640 Seiten; 504 Abbildungen; Preis: 24,80 Euro; ISBN 978-3-943425-31-4

Hinter der Buchempfehlung, die sich hier auch an die Leser der Werke von Joseph Anton Henke richtet, steht mein ganz persönliches Lektüre-Fazit: Wolfram Wette führt uns durch Abgründe der deutschen Geschichte – jedoch ohne Fatalismus. Am Ende bin ich nicht niedergedrückt, sondern ermutigt und orientiert zur Mitarbeit am Projekt „Ernstfall Frieden".

*Wer von den beiden Weltkriegen spricht,
kann vom preußischen Militarismus nicht schweigen*

Das Buch ist keine Kriegs-Geschichtsschreibung, sondern ein Friedensdiskurs entlang der geschichtlichen Kriegs- und Friedensdiskurse. Mit dem Inhaltsverzeichnis und dem Untertitel „Lehren aus der deutschen Geschichte seit 1914" wird der Zeitraum eines Jahrhunderts abgesteckt. Hundert Jahre bis zur Gegenwart, das ist – von verschiedener Warte aus betrachtet – zu wenig oder auch zu viel. Die beiden von Deutschland zu verantwortenden Weltkriege waren keine unerklärlichen „Jungfrau-Geburten", sondern Erzeugungen einer ganz und gar männlichen sowie ganz und gar deutschen Gewalt-„Religion". Heinrich Heine sah – eingedenk der Totalitäten im *deutschen* Denkerkosmos – schon 1834 etwas nie Dagewesenes auf die Menschheit zukommen: „Der deutsche Donner ist freilich auch ein Deutscher und ist nicht sehr gelenkig und kommt etwas langsam herangerollt; aber kommen wird er, und wenn Ihr es einst krachen hört, wie es noch niemals in der Weltgeschichte gekracht hat, so wißt, der deutsche Donner hat endlich sein Ziel erreicht."[2]

Der durch Kriege gezeugte erste deutsche Nationalstaat markiert nicht das Ende, sondern die Inflation von „Preußens Gloria". Die auch im kleinsten Dorf agierenden Schulmeister und Kriegervereine missionierten das Kaiserreich mitnichten unter den Vorzeichen von Humboldtschem Bildungshumanismus und Kants „Ewigem Frieden". Wer von der neueren deutschen Geschichte sprechen will, darf vom preußischen Militarismus und von der mit diesem einhergehenden Menschenverachtung nicht schweigen. Erschreckend sind die Warnrufe (und einzelne Ansätze zu Selbsterkenntnis) im letzten Viertel des 19. Jahrhunderts. Um 1900 kann die Militarisierung der deutschen Landschaften als weitgehend abgeschlossen gelten. Freilich muss mit Blick auf das Kommende zwingend von Kapitalismus und Imperialismus die Rede sein. Doch dies meinen auf „globalgalaktische Weise" auch solche Autoren, die mitnichten antikapitalistisch und antiimperialistisch eingestellt sind. Ihnen geht es darum, die von Preußen ausgehende – durchaus spezifisch „deutsche" – Heilslehre des Kriegerischen unten den Tisch fallen zu lassen. Mit Wolfram Wette, der ein prominenter Vertreter der kritischen Militarismus-Forschung ist, sollte man hingegen weit zurückgehen, um besser zu verstehen, was dem deutschen Kriegsdonnern in der ersten

---

[2] http://gutenberg.spiegel.de/buch/zur-geschichte-der-religion-und-philosophie-in-deutschland-378/1

Hälfte des 20. Jahrhunderts lange im Voraus den Weg bereitet hat. Diese Notwendigkeit wird im neuen Werk auch verdeutlicht.

*Unter welchem Vorzeichen
soll das Gedenkjahr 2018 vorbereitet werden?*

Nun behandelt Wolfram Wette jedoch das Jahrhundert ab 1914 keineswegs in gleichgewichtigen Kapiteln. Auf weiter Strecke sind der *Erste* Weltkrieg und seine Folgen die maßgeblichen Bezugspunkte der Darstellung. Die deutschen Militärs hofften 1914 auf einen schnellen Sieg, nahmen zugleich aber in Kauf, dass ihr Kriegsvotum Europa in ein Schlachthaus verwandeln könnte. Hat am Ende im Gedenkjahr 2014 doch die Geschichtsverdrehung der revisionistischen Bestseller obsiegt, womit dann auch die Anschauung durchgesetzt wäre, es gäbe gar keine besonderen „Lehren aus der deutschen Geschichte seit 1914"? Man nehme sich nur den aktuellen Wikipedia-Eintrag zu Herfried Münklers Werk *„Der Große Krieg"* (2013) vor. Das Beste an diesem „arglosen" Artikel ist die in den Fußnoten untergebrachte Verlinkung zu einer Rezension von Rudolf Walter.[3] Ansonsten geht es in diesem Wiki-Eintrag so schlafwandlerisch zu wie in Münklers Werk. Die hohen Auflagen der beiden Bücher von Christopher Clark, dem Preußenliebhaber, und von H. Münkler, dem Ratgeber der Regierenden, können uns nicht gleichgültig sein: „Wer die Vergangenheit kontrolliert, kontrolliert die Zukunft. Wer die Gegenwart kontrolliert, kontrolliert die Vergangenheit." (George Orwell: Nineteen Eighty-Four, 1949)

Es bestehen durchaus Aussichten, dass angesichts dessen, was Papst Franziskus einen „Weltkrieg auf Raten" nennt, die Einflüsterungen der Revisionisten schon bald nicht mehr auf so viele leichtgläubige Ohren stoßen werden. In diesen Monaten wird das Weltkriegs-Gedenkjahr 2018 vorbereitet. Wolfram Wettes Buch

---

[3] http://lisa.gerda-henkel-stiftung.de/versuche_national_kostuemierter_ge schichtspolitik?nav_id=5136

„*Ernstfall Frieden*" steht hierbei zu Diensten. Es zeigt: Ein anderes Geschichtsgedächtnis ist möglich!

Gemeinhin wird diagnostiziert, die Weimarer Republik sei so etwas wie eine Demokratie ohne Demokraten und deshalb ohne Bestand gewesen. Das ist vielleicht weniger als die halbe Wahrheit. Ein schlimmes Erbe der Republik blieb der Militarismus, wie in Abteilung II von *„Ernstfall Frieden"* aufgezeigt wird. Es gab keinen Bruch mit dem Schwertglauben und weithin auch keinen Abschied von den alten kriegerischen „Eliten". Die Soldaten durften nach Ausrufung der Republik das Mordhandwerk im Inneren weiter ausüben – und das gar unter Weisungen eines „National-Sozialdemokraten" wie Gustav Noske. Die preußische Parole hatte schon 1848 gelautet: „Gegen Demokraten helfen nur Soldaten." Die militaristische Rechte der Weimarer Zeit setzte dem etwas hinzu, was man so zusammenreimen könnte: „Gegen Pazifisten helfen nur Haubitzen." Die Pazifisten der Weimarer Zeit wurden an den Rand gedrückt, diskriminiert, bedroht und sogar ermordet. Einige von ihnen – so etwa Carl Mertens und Friedrich Wilhelm Foerster – waren mutige „Whistleblower" und enthüllten, wie im Geheimen ein neues deutsches Kriegswesen entstand. Heute beschleicht uns ein Grauen, wenn wir die frühen Warnungen vor den Folgen von Antisemitismus und Militarismus einer Relecture unterziehen. Eine solche Relecture war freilich nach Ende des zweiten Weltkriegs noch nicht erwünscht. Wer allein nur die Quellen zur Geschichte des Pazifismus in der Weimarer Republik zur Kenntnis nimmt, ist schon davor gefeit, den deutschen Faschismus irgendwie als Ergebnis einer plötzlichen Volksverführung im Jahr 1933 zu deuten.

Mit Blick auf die Entwicklung nach 1945 und Gegenwartsphänomene sollten nicht leichtfertige Vergleiche mit der Weimarer Republik angestellt werden, zumal dann nicht, wenn Hinweise auf entscheidende Unterschiede fehlen. Wolfram Wette legt großes Gewicht auf die Unterschiede (siehe unten). Er wirft jedoch die Frage auf, ob heute in der Berliner Republik die zentrale Lehre „Nie wieder Krieg!" ihre Verbindlichkeit verliert. Die diesbezügliche Sorge ist mehr als berechtigt. Der letzte Text der Neuerscheinung trägt die Überschrift: „Die richtigen Lehren aus 1914: Deeskalation und nicht-militärische Konfliktbearbeitung."

Pazifistisches Zeugnis in Wort und Bild

Die 26 Kapitel des Buches „Ernstfall Frieden" basieren überwiegend auf Arbeiten, die verstreut schon in anderen Zusammenhängen veröffentlicht worden sind. Durch kluge Redaktion, Umarbeitung und Kürzungen ist jedoch ein neues Werk mit planmäßigem Gesamtaufbau – und wenigen Wiederholungen – entstanden. Ich empfehle unbedingt eine chronologische Lektüre des Bandes. Die Anmerkungen konzentrieren sich auf solide Quellennachweise. Sie werden im Anhang dargeboten. Für diese Lösung gibt es einen guten Grund, denn zwei weitere „Ebenen" ergänzen im gesamten Buch fortlaufend die Darstellung von Wolfram Wette.

Dies betrifft zunächst die vielen historischen Quellentexte, die in Kastenform eingebaut sind und den Lesern die Möglichkeit bieten, das jeweilige Thema über einen genauen „Wortlaut" zu vertiefen. In der Auswahl überwiegen deutlich die „pazifistischen Lehren aus der Geschichte". Der Bellizismus ist nicht allmächtig. Ein Einspruch ist möglich. Menschen, denen es gegeben war, ihre Großhirnrinde zu nutzen, haben die Abgründe von zwei Weltkriegen lange vorausgesehen. Die Menschenschlächtereien waren eben nicht das Ergebnis von Schlittschuh-Unfällen und sonstigen Zufällen. Die Jahreszahlen unter den Zitaten, in denen das Verbrechen weit im Voraus angekündigt oder befürchtet wird, bewirken nicht selten Erstaunen und Entsetzen. Die Quellentexte sind ein äußerst anregender Bestandteil des Bandes.

Außerdem gibt es im Buch über 500 Abbildungen. Auch hier, im Illustrationskonzept, wird der pazifistischen Linie ein klarer Vorrang eingeräumt. Zu sehen sind z.B. die Titelblätter bedeutsamer Friedensklassiker: ‚Seht her, es gab diese weitsichtigen Werke wirklich, und wer die Kulturtechnik des Lesens beherrscht, für den stehen Digitalisate und wohlfeile Neueditionen bereit!' Zudem werden Menschen gezeigt, Kriegsverbrecher und – weitaus mehr – Friedensarbeiter. Ein Gesicht zu zeigen, das vermittelt im Bild: Wir wollen nicht von Naturkatastrophen sprechen, sondern von Menschen, die – so oder so – Verantwortung übernehmen für die Wege der Menschenwelt. Mitunter ist bei der Illustration eine gute List am Werke: Schon auf Seite 8 schaut uns ein sympathischer Gustav W. Heinemann an, was wir wohl als programmatische Ansage werten dürfen. Wolfram Wette hilft mit seinen Ausführungen selbst orthodoxen Linken, den ‚bösen Revisionisten' Eduard Bernstein (1850-1932) mit wohlwollenden Augen zu betrachten. Das zugehörige Porträtfoto dieses lernbereiten Sozialdemokraten zeigt ein Gesicht, das man spontan liebhaben kann.

Freilich sind in der Kriegslinie und der Friedenslinie gleichermaßen die Männer überrepräsentiert (vgl. auch das Personenregister). Der subversive Pazifismus von Frauen ist in zurückliegenden Zeiten – trotz Bertha von Suttner – zumeist nicht oder nur wenig öffentlichkeitswirksam in Erscheinung getreten. Die entsprechenden Herausforderungen für Geschichtsschreibung und Zukunft des Pazifismus können an dieser Stelle nicht diskutiert werden.

Ein bedeutsamer Teil der Buchillustrationen besteht aus antimilitaristischen (sowie antifaschistischen) und pazifistischen Graphiken. Kenner werden schnell merken, dass hier ausgewählte Schätze und nicht etwa leicht zugängliches „gemeinfreies Digitalgut" aus dem Internet zusammengetragen worden ist. Die Bildbotschaften zeigen die Kunst als unverzichtbare Säule der pazifistischen Geschichtslinie. Viele der mit Pinsel, Kohlestift oder Kamera bewerkstelligten Empörungen gegen den blutigen Wahnsinn sind mehr als nur zeitgebundene Dokumente wider den Krieg und könnten im 125. Jubiläumsjahr der 1892 gegründeten „Deutschen Friedensgesellschaft" gute Dienste leisten. Es lohnt sich, den Fundus der *Antikriegs*-Bilder aufzusuchen. Utopisch – ortlos – bleibt allerdings bis zur Stunde jene Herausforderung an eine pazifistische Kunst, die Wim Wenders und Peter Handke im Drehbuch zum Filmklassiker „*Der Himmel über Berlin*" (BRD/Frankreich 1986/87) so bedacht haben: „Noch niemandem ist es gelungen, ein Epos des Friedens anzustimmen. Was ist denn am Frieden, dass er nicht auf die Dauer begeistert und dass sich von ihm kaum erzählen lässt?"

Die Quellentexte und Illustrationen im Buch „*Ernstfall Frieden*" hat der Historiker und Verleger Helmut Donat zusammengestellt, wofür ihm der Autor Wolfram Wette eine freundschaftliche Danksagung (S. 629) ausspricht.

Ein Nachtrag zur Aufgabenstellung:
„... die bürgerliche Gesellschaft vor sich selbst zu retten"

In den USA, so meinte Ende 2016 Jakob Augstein in einer Kolumne, stehe die Machtübernahme von Milliardären und Militärs bevor (Spiegel-Online, 15.12.2016). Es gelte, „die bürgerliche Gesellschaft vor sich selbst zu retten". Die Radikalisierung des „Bürgertums" vollzieht sich jedoch mitnichten nur jenseits des Atlantiks im Sauseschritt. Der AfD-Politiker Alexander Gauland hat schon 2012 – damals noch als CDU-Mitglied – eine Rückkehr zur preußischen Militärdoktrin eingefordert und plädiert für eine Klärung der großen Zeitfragen „mit Eisen und Blut".[4] In den als maßgeblich geltenden Medienredaktionen scheint kaum jemand befähigt und willens zu sein, sachgerecht der Frage nachzugehen, wie die aktuelle deutsche Militärdoktrin denn überhaupt noch völkerrechts- und verfassungskonform aufgefasst werden kann. Auf internationaler Ebene stimmt die deutsche Regierung im Sinne der Atombombenbesitzer ab. Mit einem nunmehr offensiven Bekenntnis zu dem, was die Herrschenden schönfärberisch

---

[4] https://www.heise.de/tp/features/Mit-Eisen-und-Blut-in-eine-neue-Zeit-3395296.html

„nukleare Teilhabe" nennen, soll es nicht genug sein. Der FAZ-Herausgeber Berthold Kohler hat am 27.11.2016 die *deutsche* Atombombe gefordert und seitdem nicht wenig Zuspruch für seine wahnhaften Vorschläge gefunden.

Mit Blick auf die weltkirchlichen Aufbrüche kann man nur staunen, wie hierzulande die Friedensfrage in den Großkirchen[5], der Christdemokratie oder den Überresten des „politischen Katholizismus" bestenfalls als Randthema gewürdigt wird. Die Sozialdemokratie wäre – drängender denn je – gefordert, im Gefolge Gustav Heinemanns und Willy Brandts klarzustellen: Die einzige – schier alternativlose – Perspektive der Zivilisation heißt Frieden. Doch einstweilen vernimmt man hier nur lokale Stimmen wider die Militarisierung der Politik oder „Pensionäre" wie Erhard Eppler und Ex-MdB Michael Müller (ehem. Staatssekretär; Naturfreunde). Der grüne Nonkonformist Christian Ströbele wird 2017 das Parlament verlassen. So etwas wie eine Nachfolge für diesen bedeutenden Demokraten und Friedensanwalt im „ökologischen Lager" ist nicht in Sicht.

Soll man dem Gefühl von Vergeblichkeit nachgeben und verstummen? Die Versuchung, sich auf Pathos, Sentimentalität und Klage zu verlegen, ist groß. (Dies schreibe ich nicht mit einem Zeigefinger, der auf *andere* zeigt!) Das Werk „Ernstfall Frieden" von Wolfram Wette erschließt hingegen – jenseits leichtfertiger Tröstungen – eine Perspektive wider den Fatalismus. Die jungen Pazifistinnen und Pazifisten mögen es lesen: nicht zuletzt, um „kräftig genährt" zu werden durch das klare Denken, den Mut und die Schönheit (!) der Frauen und Männer, die vor uns die Sache des Friedens betrieben haben. Die schon nicht mehr jungen Pazifisten in deutschen Landen werden dem Autor dankbar sein für die Möglichkeit zur Selbstvergewisserung. Denn die „alte Friedensbewegung" bleibt der Aufklärung und damit der lichten Seite des bürgerlichen Zeitalters verpflichtet. Die Lektüre von „Ernstfall Frieden" befähigt uns, mit einem wachen Geschichts-

---

[5] http://www.lebenshaus-alb.de/magazin/010170.html

gedächtnis den Scharlatanen des kriegsfreundlichen Revisionismus zu widerstehen.

Die „Berliner Republik" steht nicht unter dem Leitbild eines friedensbewegten Verfassungspatriotismus. Es walten Tagespragmatismus und Orientierungslosigkeit, blinde Aufrüstungsparolen und Konfrontationskonzepte. Namentlich auch im Militärministerium fehlt jede Einsicht in den Bankrott des neoimperialistischen Paradigmas. Eine Vision gibt es nicht, weshalb man die inhaltsleere PR-Geschwätzigkeit ohne Rücksicht auf Schmerzgrenzen überdehnt. Konservative mit christlichem Anspruch, Sozialdemokraten oder Liberale scheinen kaum noch etwas zu wissen von ihren Altvorderen, die im Kaiserreich und in den 1920er Jahren als hellsichtige Friedensdenker in Erscheinung getreten sind. Umso mehr sei auch ihnen das Buch empfohlen.

Die Rahmenbedingungen für den pazifistischen Einspruch, so zeigt Wolfram Wette, sind heute jedoch grundlegend andere als während der Weimarer Jahre. Ein imponierender Teil der Bevölkerung versagt sich seit über drei Jahrzehnten den kriegerischen Heilslehren. Umfragen ergeben regelmäßig deutliche Mehrheitsvoten der Menschen im Land gegen Aufrüstung, Auslandseinsätze des Militärs, Atombomben-Bewaffnung und Waffenexporte (all dies wird von der herrschenden Politik allerdings vorangetrieben). Die Bemühungen, ab 1945 die Gesellschaft gegen den in der Adenauer-Ära noch äußerst regsamen Militarismus zu immunisieren, waren am Ende nicht vergeblich. Nun kommt es bei ausbleibenden Massenmobilisierungen darauf an, das eigene Denken nicht auf Twitter-Formate zu reduzieren und trotzdem im Dienste des Friedens eine Oberhoheit über die „Schlagzeilen" zurückzugewinnen: Frieden, gewaltfreie Verfahren und Gerechtigkeit, eine andere Zukunft gibt es für die nahegerückte Menschenfamilie nicht! Zu den „Lehren aus der Geschichte" gehört in diesem Zusammenhang der Sinn für eine Fragestellung, die nicht zuletzt auch ästhetischer Natur ist: Wer bringt im öffentlichen Raum die attraktiveren – wirkmächtigen – *Bilder* ins Spiel?

II.
„Sauerländische Volkspoesie" [1913]

Motto:
Nicht für viele, nicht für manche;
Nur für diesen, nur für jenen,
Der abseits der großen Straßen
Horchen mag verlornen Tönen.

F. W. Weber: Dreizehnlinden

Zum Geleit

Dies Schriftchen kann und will keinen Anspruch auf unbedingte Vollständigkeit erheben, nur ein bescheidener Beitrag möchte es sein zur Volks- und Heimatkunde, zu dem Bestreben, die gute alte Zeit in etwa wieder erstehen zu lassen, Bauern- und Volkspoesie auch weitern Kreisen zugänglich zu machen und vor Vergessenheit zu bewahren. – Manchem wird es, so glaube ich, willkommen sein, zu einigen Liedchen, Reimen usw. knappgehaltene Erläuterungen und Hinweise zu finden.

Der Liebe zur braunen Scholle und zu den grünen, tälerumschließenden Bergen verdankt die vorliegende Sammlung ihr Entstehen: – möge es ihr nun auch gelingen, Heimatliebe und Heimatsinn zu erwecken und zu befestigen. Jenen Übergebildeten und Kulturbeleckten aber, die da meinen, über den schlichten Singsang der Volkspoesie verächtlich die Nase rümpfen zu müssen, einen trutzig-derben, saftigen Westfalenfluch!

Frettermühle.
A. J. H.

„Draussen im Winterwalde..."
[Begleittext o.T.]

Draußen im Winterwalde geht der Sturm. Ein düsterer Schneetag hängt über dem ganzen Sauerlande; schwer und grau lastet die Luft auf den Waldungen. Weiße Nebelschleier flattern in den Baumkronen.

Untätig, gedankenverloren sitze ich am Schreibtisch und sinne gewesenen Tagen nach ... Vom Fenster aus sehe ich die bleiche Nacht mit den schwärmerischen Augen am Waldesrande stehen, inmitten der schneeglitzernden Bäume und Sträucher. Der Mond will demantene Perlen auf die schweigenden Schneefelder werfen, aber der ruppige Graubart Sturm zieht kurzerhand schwarze, schmutzige Wolkenfetzen vor, und sein häßliches Lachen verschwindet weit hinten im Forst.

Da treten drei Königskinde zu mir in meine Einsamkeit: Märchen, Sage und Volkspoesie, jedes im königlichen Gewande der Schönheit. Das herzige, efeujunge und engelschöne Märchen mit dem „Es-war-einmal" auf den roten Lippen und die weiße Sage, die seherisch über Jahr und Tag steht, verabschieden sich bald: irgendwo gibt es noch dichterisch empfindende Menschen, denen sie die werktägigen Sorgen und die philisterhaften Kleinlichkeiten verscheuchen sollen.

Die Volksmuse, die eine dunkle Rose im tiefschwarzen Haar trägt, bleibt schüchtern stehen, – niemand will *sie* heute abend erzählen hören, weil sie vielen zu gering erscheint, andern aber unbekannt ist – fürchtend, ich könnte sie mit ein paar billigen, albernen Worten wegschicken. Und sie möchte doch so gern aus ihrem duftenden Blumenstrauß einige Blättlein auf das vor mir liegende, unbeschriebene Papier fallen lassen. – Ja, sie darf bleiben.

Mir gegenübersitzend ist sie bald mitten im Erzählen.

Mit ihren olympischen Schwestern hat sie wenig Ähnlichkeit, eher gleicht sie einer spangengeschmückten, germanischen Priesterin.

Durch ein Zauberwort läßt sie das lichtdurchsonnte Kinderland vor meinem Geiste aufsteigen, jenes wundervolle Reich, das keine Grenzadler kennt und doch auch wieder seine Grenzen hat, – nur, daß man nicht weiß, wo sie liegen. In diesem Lande sehe ich große und kleine Kinder; der großen aber sind wenige. Diese Wenigen fühlen sich heimisch und auch wieder fremd. Jenseits vo[n] Wissen und Erkenntnis, die sich wie eine Mauer ums Kinderreich ziehen, stehen manche mit sehnsuchtsgroßen Augen und finden sich nie wieder dorthin zurück, wohin ihnen die Sehnsucht den Weg wies; und doch nahmen sie einmal eine Handvoll weiße Astern mit hinaus. – Erinnerungen über Erinnerungen werden wach, und ich lausche den schalkhaften Worten der Volksmuse, die sich mitunter zu sinniger Lebensweisheit verdichten.

So geht's in einem fort. Lange.

Vom Turme der Dorfkirche dröhnen zwölf Schläge. Jetzt muß sie gehen: in silbernem Kahne kommen Sage und Märchen auf dem Bache unten im Tal angefahren, zwei Nixlein schwimmen voran. Unter dem großen Weidenbusch, den der Wind derb zaust, halten sie an; klirrend stößt der Silberkahn gegen die Eiszapfen, die ins Wasser hinabhängen. Ein Eulenschrei wird laut. Dann geht meine Freundin.

Droben, ganz unheimlich weit im Gebirge liegt die Ruine eines verzauberten Ritterschlosses; wie das Königskind von dannen geht, setzt dort ein verwunschener Zwerg ein altes, goldenes Glockenspiel in Bewegung, und mächtig wallen die reinen Klänge sturmverweht über die grollenden Wälder. Fast klingt's wie Schwanengesang der Romantik – nein, ich weiß nicht recht – ich träume wohl – – wie das Osterlied einer Neuromantik.

Jetzt ist's vorbei. Der letzte Ton stirbt.

Der Zwerg aber, der das Glockenspiel läuten durfte, muß wieder Frondienste leisten nach so kurzen Augenblicken reinsten Glücks, denn da oben ist alles verwunschen.

Der Sturm greift nochmals in die Saiten und singt sein wildherziges Lied. Ein leises Andante, das sich in einem triumphierenden, donnernden Finale verliert ... Vor mir liegen die Blumengeschenke, und versonnen seh' ich noch immer die Volksmuse von mir gehen – Aschenbrödel und doch ein Königskind!

„UM DIE MITTE DES VERFLOSSENEN JAHRHUNDERTS GING EIN RAUNEN ..." [Begleittext o.T.]

Um die Mitte des verflossenen Jahrhunderts ging ein Raunen durch den deutschen Bauernstand, der Fortschritt hatte sein Verdammungsurteil gesprochen. Der Bauer wachte wie aus einem Traume auf. Verwundert schaute er umher. Überall ein Wetterleuchten, das der guten, alten Zeit Einhalt gebot. Mit dem althergebrachten ruhigen, oft einsamen Dahinwirtschaften der Väter mußte gebrochen werden, wollte man nicht von dem allmählich einsetzenden Jagen nach Geld und Besitz niedergerannt werden. Der Bauersmann fing an zu *rechnen*. Und er *mußte* rechnen.

Dann kam die *Separation* (Verkoppelung, Zusammenlegung von Grundstücken), die jede Handbreit Boden unter den Pflug genommen sehen wollte. Anfangs stand der Bauer diesem landgierigen Treiben müßig und ablehnend gegenüber, bald jedoch stellte er sich selbst in den Dienst der Sache, ja übertrieb die Absichten der Regierungen. So manche Kindheits- und Jugenderinnerungen schwanden, viele dem Volksempfinden heilige Stätten, Bäume, Hecken, Feldraine und andere Gegenstände und Plätzchen, mit denen Erinnerungen und Sagen aufs engste verknüpft waren, wurden ohne weiteres beseitigt oder entstellt. Kein Wunder, daß angesichts solcher Tatsachen Heimatgefühl und -liebe nach und nach unter der Landbevölkerung dahinschwindet! Freilich gilt das über die Verkopplung Gesagte nicht in vollem Umfange und allein für das Sauerland, ist vielmehr vor allem für andere Landstriche zutreffend, trotzdem: auch im Sauerlande sind schon Zusammenlegungen von Grundstücken vorgenommen; die Folge davon: das Landschaftsbild wird nur verzerrt. Das Poetische verschwindet, und die öde Nüchternheit des Mathematischen beherrscht den Vordergrund. In der Ebene mag ein solches Verfahren besser wirken – das liegt schon in der Eigenheit der langhingestreckten, an Abwechslungen armen Fläche – aber in gebirgigen Gegenden?

*

Wie die Kinderaugen glänzen, wenn die Kleinen, auf Großvaters Knien sitzend, den Sagen, Märchen und lustigen Reimereien, die aus seinem Munde sprudeln, lauschen dürfen! Eine neue Welt tut sich ihnen da auf. Freilich, unsere Tage haben wenig Zeit und Geduld für die Märchen- und Rätselerzähler, sie fordern das rauhe, oft rohe Wirklichkeitslied der nüchternen Zahlen.
Wer erzählt heute noch?
Vielleicht die Schuljugend; die Anfänger in der Wissenschaft werden sich noch an den schlichten Liedchen und Sprüchen erfreuen, der eine oder andere von den Erwachsenen wird sie noch in Erinnerung haben. – Die Poesie beim Kienspanlicht ist verschwunden – wie so manches andere.

Es wird eine Zeit kommen, wo man das primitive Reimgeklingel unserer Ahnen, dem sie gern ihr Ohr liehen, nur noch in Büchern und Aufzeichnungen nachlesen kann, kein Mensch wird die kleinen Verschen, Rätsel und Singspiele mehr aus der Überlieferung schöpfen können; ähnlich wird das Schicksal der Volkssagen und Märchen sein. Denn je mehr das moderne Leben in bisher von seinem Genuß verschont gebliebene Gegenden seinen Einzug hält, zieht sich die Volkspoesie, die mehr und mehr als Aschenbrödel behandelt wird, scheu und furchtsam zurück – in stille Winkel, wo ihrer der Tod wartet.

*

Der „Dreizehnlinden"-Dichter F. W. Weber sagt zwar:

„Dünkt er manchmal euch ein Träumer,
Nun, er war ja ein Westfale" –

und im allgemeinen mag er ja mit diesen Worten recht haben, – das beweist schon die große Anzahl westfälischer Lyriker – aber bei den Sauerländern ist von dieser „poetischen" Eigenschaft nicht gerade viel zu merken, natürlich: keine Regel ohne Ausnahme. Der Sauerländer ist meist recht realpolitisch veranlagt und addiert mitunter zu häufig; infolgedessen richtet er sich gemeinhin nur nach dem, was direkt unter den Strich zu stehen kommt. Für eine Sache, die nicht gleich materiellen Vorteil bringt oder augenscheinlich in Kürze zu bringen verspricht, kann er sich nicht allzu schnell begeistern. Damit soll nicht gesagt werden, daß ihm jeder Idealismus abginge, – nein, ganz gewiß nicht! Sauerländer wie Westfalen überhaupt sind, wenn's sein muß, Menschen der Tat, und treffend läßt Peter Hille in seinem Drama: „Des Platonikers Sohn" den fahrenden Schüler Walther, der sich in der irdischen Künstlerheimat Italien aufhält, sprechen: „Bei uns am Rhein sind sie leichtfertig und leben so dahin ... Da aber im Lande der westlichen Falen sollen sie zäh sein und hart und fest. Und was sie 'mal angefangen haben, das setzen sie durch, und ob auch der Geier ihnen die Leber zerhackt, sie geben nicht nach. So ein Westfale muß auch Prometheus gewesen sein." – Am Althergebrachten mögen die Bewohner des Bergländchens noch einigermaßen festhalten, doch geht schließlich das Krankhafte, Verwerfliche der neuen Zeit auch an den abgeschlossensten Gebieten nicht spurlos vorüber. Aber um nicht zu schwarz zu sehen: viel Gutes hat ja die Neuzeit mit ihren technischen, industriellen, sozialen, wirtschaftlichen Einrichtungen und Errungenschaften auch im Gefolge, was wir keineswegs gering anschlagen wollen; denn als Kinder dieses Zeitalters müssen wir es auch ansehen können, wenn das Alte langsam hinschlummert, vor dem Neuen müssen wir uns beugen. Doch rufen wir uns oft die Worte des Altmeisters Goethe ins Gedächtnis zurück:

„Wohl dem, der seiner Väter gern gedenkt,
der froh von ihren Taten, ihrer Größe
Den Hörer unterhält und still sich freuend
Ans Ende dieser schönen Reihe sich geschlossen sieht."

Also: auch der nivellierenden, alles über einen Leisten schlagenden Neuzeit sollen Kränze gewunden werden!

[Wiegenlieder]

Einige Wiegenlieder und Reime aus der Kinderstube mögen den Reigen eröffnen.

[Hätt' ich ein Stöckchen ...]
Siusai Kinneken, iek waige diek,
Härr'k en Stöckelken, iek slaige diek;
Kämen drai Engelkes un dräggten diek
Op dät Kösters Kämpken,
Läggten diek int Kuilken,
Steintken op et Muilken,
Kränsken op et Köppken –
Do liett dät arme Tröppken!

[Schlag's Küken tot!]
Heija popeia,
sloh't Kuikelken döet.
Stiek et int Pöttken,
dann wer et nit gröet.

[Kommt nimmermehr wieder]
(*Auf Großvaters Knien.*)
Ruiter de Piärre
Ruiter de Piärre,
Van Söest noh Wiärrel,
Van Trier noh Spier, –
Kümmet nimmermehr wier.

Hopp, hopp, Reiterlein!
Wenn die Kinder sind noch klein,
Reiten sie auf Stöcken;
Wenn sie größer werden,
Reiten sie auf Pferden.

[HABICHT, KÜKENDIEB]
Hawek, Hawek, Kuikendaif,
Hiäs din Vaar un Mömme nit laif.

[SÜßE MILCH UND STUTENBROT]
Siusai Kinneken, slöpken,
Do biuten geiht en Schöpken,
Hiät söe witte Wolle,
Giett de Mielk de Strulle.
Saite Mielk un Stiutenbröet,
Do tuiht me klaine Kinner met gröet.

[ABZÄHLREIME]

Wenn die Kinder, gleichgültig, ob im Hause oder im Freien, ihre Spiele beginnen, werden gegebenen Falls für Darstellung von Hauptpersonen oder -helden die einzelnen durch Abzählen gewählt, wodurch man verhindert, daß um ein allgemein bevorzugte Stelle im Spiel Streit entsteht, denn diesem Kismet unterwerfen sich die Beteiligten. Es gibt eine außerordentlich große Anzahl von Abzählreimen, die teils rhapsodisch vorgetragen, teils melodielos heruntergesagt werden. Echte Abzählreime beginnen meistens mit Zahlen und sind durch Rhythmus und Zäsur gekennzeichnet. Die bekanntesten und gebräuchlichsten seien hier erwähnt:

Zimchen, Zimchen, Zuckerzimchen!
Wer will mit nach Garenzimchen?
Garenzimchen ist nicht weit:
Vierundzwanzig Stunden breit.
*
In der Kirche liegt der Sand,
Woge, Woge, Helgoland.

Iek un diu,
Müellers Kauh;
Müellers Iesel, –
Dät bis diu!
*
Voß, Voß!
Dräg' en Wagen loß,
Foir ne in de Müel,
Dann kiste'n junk Füel!
*
Karl will ein Pferd beschlagen,
Wieviel Nägel muß er haben?
Eins, zwei, drei,
Du bist raus!
*
Üppken, Düppken, Rübezahl,
Üppken, Düppken, Knall.

Spiellieder und -Reime

[Fingerzählen für die ganz Kleinen]
Duimelink,
Fingerlink,
Lankmann,
Swankmann,
Klaine Jöeseipken
(oder: Kleine Piwip).

Sind die Kinder etwas herangewachsen, bilden sie geschlossene Reigen und singen gleichzeitig:

[Lämmchen schlachten]
Ringele-, Ringele-Rose,
Buitter in de Dose,

Smalt in den Kasten:
Moren moffe fasten,
Üewermoren't Lämmken slachten,
Dät sall maken „bläh!"
(*Bei dem Worte „bläh!" wird ein mehr oder minder zierlicher Knicks gemacht.*)

[SPOTT- UND SCHERZREIME]

Einen wahren Reichtum an Spott-, Scherzreimen und -liedern hat das Sauerland aufzuweisen, leider ist manches ohne Zweifel der Vergessenheit anheimgefallen. Nachstehendes Verschen wurde früher wahrscheinlich beim Versteckspiel angewandt:

1, 2, 3, 4, 5, 6, 7 –
Wo ist denn mein Schatz geblieben?
Ist nicht hier, ist nicht da,
Ist ja in Amerika.

Andere Scherzlieder sind z.B.:

[PATER NOSTER ZIEGENZITZE]
Pater noster Hittenstrik,
Siewen Katten bietten siek;
In diär dunkeln Kammer,
Met diäm blanken Hammer,
Einer kreig diän hatten Slag,
Dätte hinner der Diär lag.

[WAS SIND JUNGEN UND MÄDCHEN WERT?]
Müller, Müller, Mahler,
De Jungens kostet'n Daler,
Miäkens kostet ne Rattensteert,
Sind dai Dunders noch nit wert!

Wenn Mädchen das Liedchen singen, drehen sie die 2. und 2. Zeile ein bißchen zurecht, so daß bei ihnen das starke Mannesgeschlecht nur noch „Rattenschwänze" wert ist. –

[AUF FRANZOSEN SCHIEßEN]
Rira, rutsch!
Wir fahren mit der Kutsch,
Wir schießen mit Kanonen
Auf die Franzosen:
Piff, paff puff!
(Findet auch Anwendung als Abzählreim.)

[WELCHES EI SOLL ICH HABEN?]
Hahne-Heppe,
Snuite-Sneppe,
Wat fiär'n Ai sall iek hen?

[PETER, WAS JUCKT DICH?]
Päiter, wat jucket diek,
Päiter, ne Flöeh?
Päiter, wo huikeste,
Päiter, im Ströeh?

[KUCK, SAGTE DIE KATZE]
Kick, saggte de Katte,
Keik se in'n Pott,
Kreig se ennen met'm Lieppel ann'n Kopp.

Der Volksmund hat fast für jeden Stand, für jedes Gewerbe treffliche Sprichwörter geprägt, die oft eine scherzhafte Wendung annehmen; aber auch in Spottliedern und -versen wird auf die eine oder andere – meist schlechte – Eigenschaft, die den betreffenden Stand oder Beruf bloßstellt, angespielt. Als Parallelen hierzu mögen die sogenannten Dorfreime gelten. – In frühern Zeiten stand der Küster bekanntlich in materieller Anhängigkeit vom Pastor, so daß das Sprichwort: „Wann't op'n Pastöer riänt, dann drüppelert op den Köster" recht hatte. Aus der Zeit, wo die Entschädigung für den Dienst des Küsters fast ausschließlich in Nahrungsmittelabgaben (z.B. Fleisch, Brot, Eier usw.) der Kirchspielbewohner bestand, stammt wohl das Kinderlied:

[KÜSTER LECKERZAHN]
Bimmele, bammele, beier,
Köster mag kaine Eier.
Wat mag hai dann?
Speck in de Panne,
Beier in de Kanne, –
Köster is en Leckertahn.

Gemeinhin wissen die Dörfler ihre Lehrer wohl zu schätzen, gleichviel: kleinliche Schulfüchse hat man bedacht mit dem etwas ungeschlachten:

[DER LEHRER IST EIN SCHWEINEHUND]
Lehre, Lehre, Beßmenstiehl,
Slät de Blagen viel te viel;
Viel te viel is ungesund,
Lehre is en Swinehund.

Auch dem Schuster haben lose Zungen u.a. das Liedchen angehängt:

[HÄNSCHEN IM SCHORNSTEIN]
Hännesken saat im Schuattensteine
Un flickere si de Schauh,
Do kam söe'n wacker Miäken
Un soh 'me nipe tau.

„Miäken, wann diu friggen weß,
Frigge diu an mi:

Iek hewe'n blanken Daler,
Dai is dann öek fiär diek."

Eine Aufzählung verschiedener Berufe enthält:

Edelmann, Bedelmann,
Köster, Pastor,
Künink, Kaiser,
Prinz, Major.

Das Ableiern erfolgt bei gemeinsamer (d.h., wenn's mehrere Knaben tun) Abzählung der Rock- oder Westenknöpfe. Je nachdem: Hat einer zufällig vier Knöpfe an seinem Kleidungsstück, so wird er ein Pastor (siehe oben!) „werden" usf. Übrigens sind diese Reime einer starken Variation unterworfen.

[TANZLIED]
O Hännes, wat ne Haut!
Dai Haut, dai hiät ne Daler kostet,
Daler kostet, Daler kostet,
Dai Haut, dai hiät ne Daler kostet,
Daler kostet dai Haut.

Dai Jiude kitt diän Daler nit,
Daler nit, Daler nit,
Un wann hai in de Büchse sch... [schitt],
Dai Jiude kitt ne nit![1]

[ES WAREN MAL DREI JUDEN]
1. Es waren mal drei Juden,
Ju-, Ju- den, den, den, – Juden.

---

[1] [Vgl. zur zweiten Strophe und zum nachfolgenden Text meine Studie zu „Judenbildern" in der Sauerländischen Mundartliteratur bis 1918: Bürger 2012, S. 553-740 und 749-788.

2. Der erste, der hieß Abraham,
A-, A- bram, bram, bram, – Abraham.
3. Der zweite, der hieß Isak,
I-, I- sak, sak, sak, – Isak.
4. Der dritte, der hieß Jakob,
Ja-, Ja- kob, kob, kob, – Jakob.

Von Leuten, die lange schlafen und nie aus den „Federn" zu bringen sind, heißt es:

[LANGSCHLÄFER, EULENKOPF]
Langenslöper, Uilenkopp,
Steiht de niegen Iuern op,
Weit nit, wo de Sunne steiht;
Do uawen in diän Aiken,
Do steiht ne Pott vull Kraiken.

EIN NIKOLAUS (KLOOS)-LIED:
Vater unser, der du bist ...
Vaar foihrt Mist,
Mömme kuacket Siupen,
Dät sall de Kloos heit sliuken.

[SONNEVOGELJAGEN]

Am 22. Februar, dem Peterstage, ziehen die Schulkinder von Haus zu Haus und klopfen mit hölzernen Hämmerchen auf die Schwelle, an Haustür und Pfosten, wobei sie einen uralten Reim singen. Für das Sonnenvogelklopfen (Sonnenvogel = Schmetterling, der Bote des Frühlings) erhalten die Kinder kleine Gaben (Geld, Süßigkeiten). Das Lied, mit dem sie den Sonnenvogel „aussingen", lautet:

Riut, riut, Sunnenviuel!
Senten Päiter is do,

Senten Tigges kümmet dernoh. –
Klaine Mius, gröete Mius,
All tehöepe tem Hiuse riut,
Iut Kisten un Kasten,
De Muise mott fasten.

[FLÖTEPFEIFEN- UND HERMANNSLIED]

Wenn der Frühling wieder seinen Einzug gehalten hat und draußen alles keimt und zu blühen anfängt, wenn wieder „Saap im Holte is", zieht die männliche Jugend hinaus und schneidet Weidenruten („Saapholt"), um sich „Flaitepipen" zu verfertigen. Das ist ein wichtiges Geschäft. So wichtig, daß man unbedingt ein Lied dabei singen muß, will man die Flöte „aushaben" (d.h. den Bast von dem Holz lösen). Nachdem das Stück Weidenholz passend zugeschnitten ist, setzt sich der Verfertiger gewöhnlich auf irgendeinen Gegenstand, legt das eine Bein übers andere und klopft unverdrossen mit dem Heft des Taschenmessers auf das Flötenholz, das er entweder aufs Knie oder auf die flache Seite des Schuhes gelegt hat. Die bei dieser Beschäftigung gesungenen Bastlöserreime, die in allen Gegenden Niederachsen stark variierend vorkommen, tragen nach Meinung der Knaben wesentlich dazu bei, daß sich die Rinde schneller abziehen läßt. Möglicherweise haben sich die Reime erst nach dem Takt des Klopfens gebildet. Irgendein poetisch veranlagtes Gemüt fand die ersten, wohl ungelenken Worte für den Rhythmus des Klopfens; zweifelsohne sind hierbei, wie auch bei andern Reimen und Liedern, bemerkenswerte psychologische Entwicklungsgänge zu verzeichnen. – Das Lied selbst:

Sippe, sappe, Sunne,
Mömme is ne Nunne,
Var is en Apen,
Kann dai Pipen maken.

Kättken laip dem Biärre rop,
Haler'n Lieppel voll Saap;
As dät Kättken wierkam,
Was dai Pipe lange, lange iute.

Do kam dai lange Hesse
Met diäm langen Messe,
Sneit diäm Kättken en Hals af, –
Do raip dät Kättken:
„Miau! Min Hals is af!"

Ob überhaupt solche Lieder anfänglich einen bestimmten Sinn gehabt haben, läßt sich schwer sagen; einige ja, doch nicht alle. Jedenfalls lag bei weitaus den meisten ein sinniger Gedanke zugrunde, jedoch dem Reime und der Reimstellung zuliebe hat man ihn wohl geopfert; Beziehungen, die allem Anscheinen nach vorhanden gewesen sind, treten nicht mehr klar zutage, für gewöhnlich sind sie verschwommen oder im Laufe der Zeit entstellt. Als schlagendes Beispiel mag folgender Reim hier Platz finden:

[HERMANN SOLL AUFGEHÄNGT WERDEN]
Hiärmen, sloh Liärm an,
Sloh Pipen, sloh Trummen
(Met Pipen, met Trummen)!
De Kaiser well kummen
Met Gaffeln un Stangen,
Den Hiärmen ophangen.

Das „sloh Liärm an" hat die Volksetymologie zu „sloh Diärmen" umgemodelt. Viele sind der Ansicht, der unwillkürlich an „... caniturque adhuc barbaras apud gentes ..." (zu deutsch: „... und noch heute lebt er – Armin – bei seinem Volke im Liede fort ...") des Kornelius Tazitus gemahnende Reim stamme aus der Zeit Armins (Hermanns), des Cheruskerfürsten; mit „Kaiser" sei Augustus gemeint, „Gaffeln" und „Stangen" erinnerten an einen Galgenbau. Von anderen werden die Verse höchstens auf die Sachsenkriege Karls des Großen zurückgeführt. Der schwankende Text und die nicht ohne weiteres zu ermittelnde Entstehung erschweren die Beweisführung wesentlich, wenn sie nicht gänzlich ausgeschlossen ist. Ebenso geben die kühnen Ableitungsversuche des Namens „Armin" (Hermann) aus dem Germanischen und Cheruskisch-Lateinischen noch keine absolute Sicherheit für Herkunft und Alter. –

[KINDERREIME UND
DAS PRAHLENDE MÄDCHEN]

KINDER SCHREIBEN GERN IN IHRE BÜCHER:
Dieses Buch hab' ich gekauft,
N.N. bin ich geboren,
N.N. bin ich getauft,
Wer's findet, – ich hab's verloren.

JUNGE LATEINSCHÜLER WISSEN GEWÖHNLICH DEN REIM:
Hic, haec, hoc,
Der Lehrer hat 'nen Stock;
Is, ea, id,
Was tut er denn damit?
Sum, fui, esse,
Er haut ihn auf die Fresse –,
der verschiedene Schwankungen aufzuweisen hat.

SEHR BELIEBT IST AUCH:
Maikäfer, flieg!
Der Vater ist im Krieg,
Die Mutter ist in Pommerland,
Pommerland ist abgebrannt, –
Maikäfer, flieg!

Bittet ein Dreikäsehoch einen Erwachsenen, ihm etwas zu erzählen, so erhält er manchmal die Antwort:

[PAITERNELLE]
Iek well di mol wat vertellen
Van der Päiternelle:
Dai gaft' mi ne Schelle*, [*Kartoffelschale]
Dai Schelle gaft'k der Kauh,
Dai Kauh gaft' mi Mielk,
Mielk gaft'k em Stiutenbäcker,
Stiutenbäcker gaft' mi Geld,
Geld gaft'k der Briut,
Dai laip dermet diär de ganße Welt riut.

Weibliche Eitelkeit, die sich gerne herbeiläßt, strenge Kritik an den Mitschwestern zu üben, lugt aus dem prahlerischen Lobreim:

[DAS PRAHLENDE MÄDCHEN]
Klain un dick
Hiät kain Geschick;
Lank un slank
Hiät kainen Gank, –
Awer'n Miäken van miner Moote,
Dät ziert de Strooote.

WIE DIE TIERE SPRECHEN

DIE KOHLMEISE PFEIFT IM LENZ:
Spinn dicke, spinn dicke,
Swiüpp' int Feld!

DIE SCHWALBE:
As iek Affscheid nahm, as iek Affscheid nahm,
Wören alle Schoppen un Schuiren voll,

As iek wierkam, as iek wierkam,
Was alles verquickelt, verquackelt un verhackstoiwert.

Dies erinnert lebhaft an eine Strophe in Fr. Rückerts Volkslied „Aus der Jugendzeit", die das ganze Schwalbenlied charakterisiert. Irren würde aber jener, der glauben wollte, der Dichter habe die mundartlichen Verse, die sich in ganz Niedersachsen darüber hinaus finden, ins Hochdeutsche übertragen und den übrigen Strophen seines stimmungsvollen Gedichtes eingereiht: vieles spricht vielmehr dafür, daß gerade das Gegenteil der Fall gewesen ist. Die volkstümliche, leicht sangbare Strophe reizte zur Umdichtung ins Plattdeutsche.[2] Immerhin bleibt das eine Annahme.

IM WINTER FLEHT DER SPATZ (LUILINK):
„Buirken, Buirken,
Lot miek in din Schuirken!"

Von den übrigen Tieren führt der ESEL noch eine eigene Sprache:
Ja! Ja!
Iesel is min Pah!

SCHERZFRAGEN UND RÄTSEL

Hulter die pulter
In der Holtkapelle.
(*Käire – Buttermaschine aus Holz*)

Iek smite wat Runnes noh'm Dake,
Dät kümmet lank wier dorin.
(*Klöggeln – Garnknäuel*)

---

[2] Vergl. O. Karrig: „Vom Schwalbenlied", Niedersachsen, Jahrgang 1919-11, Nr. 14.

Iek smite wat Langes noh'm Dake,
Dät kümmet int Kruize wier dorin.
(*Schere*)
*

Iek smite wat Swuattes noh'm Dake,
Dät kümmet swuatt un giäl diärnein wier dorin.
(*Topf voll Möhren*)
*

Iek smite wat Röes (Rotes) int Water,
Dät kümmet swuatt wier doriut.
(*Glühende Kohle*)
*

Iek smite wat Wittes noh'm Dake,
Dät kümmet giäl wier dorin.
(Ei)

Et gänk wat üewer de Brügge,
Dät har'n uappenen Rüggen.
(*Strohschneidemaschine, älteren Systems [Strohschneidebank]*)
*

Et geiht wat diär'n Biärg,
Roiert alle Büskelkes an.
(*Wind*)
*

Et geiht wat diär't Waater,
Siet liuter „Drink, drink, drink!"
Un drinket doch nit.
[*Glocke der Kuh am Wasser*]
*

Hinner unsem Hiuse
Hänget ne Kingelekliuse,
Briennt Dag un Nacht
Un briennt doch kain Hius af.
(*Brennessel*)

Wie ein Lichtschimmer aus den alten Spinnstuben, deren Drum und Dran auch bereits in der Rumpelkammer der Neuzeit aufgestapelt liegt, mutet uns das Rätsel vom Spinnrocken an:

Ik sat op minem Klößken
Und liusre minem Fößken;
Je mehr där'k 'me liusere,
Diästo klender wor't.
[Spinnrocken]

Der pflügende Bauer muß in dem sich gleichfalls im Hochdeutschen vorfindenden:

Viär Fleiß [Fleisch] un hingen Fleiß,
In der Mirre Holt un Isern.
[Bauer hinter Pflug und Zugtier]
entdeckt werden.

Jeder weeret geeren,
Doch kainer is et geeren.
(Alter)
*
Dai ne miäket,
Dai well ne nit;
Dai ne koipet,
Dai kir ne nit;
Dai ne kitt,
Dai – weit et nit.
(Sarg)

Recht eigenartige, poesievolle Rätsel sind:

Hänterläntänt gänk üewert Feld, –
Wai härre längere Beine
As Hänterläntänt!
(Egge)

Kümmet ne Mann van Aachen,
Hiär'n kritewitt Laken.
Well de ganße Welt bedecken
Un kann nit üewert Waater trecken.
(*Winter*)
*

2-bein saat op 3-bein,
Do kam 4-bein un nahm (dem) 2-bein 1-bein.
Do nahm 2-bein 3-bein un smeit 4-bein,
Dät 4-bein iutkneip
Un 1-bein lien bleif.
(*Magd beim Kühemelken: 2-bein – Magd; 3-bein – Dreifuß, auf dem sie sitzt; 4-bein – Kuh, 1-bein – Milcheimer. – Das Weitere ergibt sich von selbst.*)

Selten noch bin ich einem Rätsel von solcher poetischen Feinheit begegnet wie dem folgenden; ein wunderzarter Duft liegt über dem stimmungsreichen Poem ausgebreitet:

As iek nöeh junk was,
Drachte'k ne bloe Kröene,
As iek äller was,
Drachte'k ne goldene Kröene;
As iek gans alt was un stiv,
Büngen se mi ne Band ümmet Liv,
Se bräken miek un slaigen miek,
Un Growen un Füesten drächten miek.
[*Werdegang und Bestimmung des Flachses*]

Schöner konnte die Volksmuse Werdegang und Bestimmung des Flachses, das in frühern Jahren viel im Sauerlande angebaut wurde, sich auch jetzt noch vereinzelt vorfindet, kaum geben. Oder doch?

[REIMGEKLINGEL – SPRUCHWEISHEIT]

Jedes Huisken
Hiät sin Kruizken.
*
Kumpeni
Is Lumperi.

[WENN DIE WIESEN FREI SIND]
Metine [Martini] verbi,
De Wiesen sind fri!
[Liukes un Galles / Geiht et üwer alles.]

Nach altem Herkommen ist es erlaubt, im Spätherbst, wenn alles eingeerntet ist, das Vieh auf fremde Wiesen und Weiden zu treiben. Eine Freudenzeit für die „Häiern" (Hütejungen), die dann zusammenkommen und allerlei Spiele (z.B. Sautreiben oder -hüten) beginnen können.

Owenröet dröeget 'n Pöet,
Muarenröet füllet 'n Pöet.
*
Grainen Krisdag –
Witten Öestern.
*
Geiht de Änte Lozie im Dreck,
Geiht se Öestern opem Ise.
*
Söe genau
Gähr't im Hiemmel nit tau.
*
Döerhan un Duß
Sind dem Diuwel sin Verdruß.
*[Sumpfgarben- und Dost-Tee als Heilmittel –
oder die Kräuter auch als Zauberabwehr.]*

Liuer an der Wand
Hört sin eigen Schimp un Schand.
*
Lot miek geweeren:
Iek sin van Tweeren.
*
War'k nit weit,
Mäket miek nit heit.
*
Ne Heeren as en Hauhn,
War'k befiälle,
Mar'k selwer daun.
*
Wo biste hiär, –
Van Kattenspliär?
*
Buitter un Bröet –
Weert me noh gröet.
*
Bummelfritz is wierkummen,
Hiät de Schauh met Wie[e]n bungen.
*
Fisken un Jagen
Mäket hungerge Magen
Un rietterge Blagen.
*
Op tau Gatt,
Bi'n Kaffepott!
(Weckruf)
*
6 x 6 = 36,
Ist der Mann auch noch so fleißig,
Doch die Frau ist liederlich,
Geht doch alles hinter sich.

[WER BACKT AM PFINGSTFEST?]
Krisdag bäcket jedermann,
Öestern dai rike Mann,
Pinkesten, wai kann.

VERSCHIEDENES

Zu dem noch allgemein üblichen „Brautwagen-Fangen" dient:

Fuhrmann, halt ein,
Dieser Brautwagen muß gefangen sein,
Denn er ist beladen mit Kisten und Kasten
Mit Diamant und Gold –
Das alles ist uns nicht zu stolz –
Ein Rocken mit Flachs,
Ein Stab mit Wachs,
Eine Kiste mit Geld, –
Wer das hat, kann kommen durch die Welt.
*
Geben Sie uns ein Geschenk,
So können Sie fahren,
Wohin es Ihnen gefällt:
Über Land und Sand,
Über Berg und Tal
Bis vor dem Herrn Bräutigam seinen Saal!

Früher war es Sitte, daß am Hochzeitstage die Neuvermählten sich ihren Bienen vorstellten (ob solches heute noch geschieht, entzieht sich meiner Kenntnis):

[BIENENRUF DER NEUVERMÄHLTEN]
Immen rin, Immen riut!
Hi, dät is de junge Briut.

Immen rin, Immen ran!
Hi, dät is de junge Mann!

Als Neckerei fügte dann wohl ein ulkiger Gast hinzu:
Immen, verlatt se nit,
Wann se niu mol Kinner kit.

Abergläubische Furcht läßt die Hinterbliebenen eines Imkers sprechen:

[BIENENZURUF BEIM TOD DES HAUSHERRN]
Imme, din Hiär is döet,
Verloot uns nit in unser Nöet;
Imme, diu mas miek nit verlooten,
Iek matt briuken dine Rooten.

Den Hollen, jenen rätselhaften, den Menschen freundlich gesinnten Höhlenbewohnern, die – wie die Sage weiß – oft den Bauern das Vieh hüteten, hat die Volksmuse die Absage in den Mund gelegt:

Dät Johr is iut,
Mine Tit is iut,
Ik driv nit iut.

Will man Hilfe bei den Hollen suchen, so rufe man ins Hollenloch hinein:

Hille, Holle! hille Mann,
Tuih diek an un kumme dann!

INSCHRIFTEN

Daß die Sauerländer von jeher treu zu Rom gehalten haben und zu allen Zeiten einen tiefreligiösen Sinn bekundeten, dem sie auch nach außen hin Ausdruck verliehen, bewiesen und beweisen zum Teil die alten Hausinschriften, die leider infolge der Sorglosigkeit der Besitzer mehr und mehr verschwinden. Man empfindet jedesmal Achtung vor dem Hausherrn, wenn man gewahren kann, das alte Sprüche und treffliche Inschriften wieder aufgefrischt sind. – Es würde den Rahmen dieser Blätter erheblich überschreiten, wollte ich alle Inschriften, die mir handschriftlich vorliegen, veröffentlichen, – ich möchte eine kleine Auswahl treffen und nur solche geben, auf die man am häufigsten stößt:

Du großer Gott der Bauherr bist[3],
ohn' dich all' Arbeit eitel ist,
auf diesen Bau sehr gütig schau!
O Gott, sehr viele Jahre
von Kriegswut und Feuersglut
tue dieses Dorf bewahren.

Wenn Feuersglut hier Schaden tut,
ja so hier ein Unglück naht,
dann eile, nicht verweile,
uns zu helfen, Agatha!
Röttger, Schauerte, Bauherr, lauerte,
bis ankam ein gutes Jahr;
war Junggeselle, hat gebauet schnell,
weil alles hier wohlfeil war.

---

[3] Die Rechtschreibung ist bei den Originalen meist veraltet, die Zeichensetzung recht selten, weshalb in dieser Beziehung der Deutlichkeit wegen ein bißchen nachgeholfen worden ist. Die Fundorte der verschiedenen Inschriften sind nicht näher angegeben, weil es sich größtenteils um Inschriften handelt, die fast in jedem Dorf vorhanden sind.

Behüt', o Herr, dies ganze Haus
Und all', die hier gehn ein und aus;
Die Hausfrau und die Kinder mein
Laß dir, o Herr, befohlen sein.

Deutsches Haus, deutsches Land
Schütz' Gott mit starker Hand.

PAX INTRANTIBUS, SALUS EXEUNTIBIS.
(Freie Übersetzung, wie sie an Häusern zu finden ist:)
Gott segne dieses Haus und alle,
die da gehen aus und ein, –
hier zeitlich, dort ewiglich.

Ein zündender Strahl schlug unser Haus danieder,
Doch Gott, der Wunden schlägt, heilt sie auch wieder.

Gott segne dieses Haus
Un laß Doktors und Advokaten heraus.

Anno ..., den halwen Mai –
Knaidaip Snai.

Ehrlich gesteht einer:
Bauen war eine Lust,
Aber was es gekostet,
Hat man vorher nicht gewußt.

Es allen recht zu machen ist unmöglich:
Wer bauen tut an der Straßen,
Muß die Leute reden lassen.

Als Patronin gegen Feuersgefahr wird die heilige Agatha verehrt; wie vielen andern Heiligen, sind auch ihr Kapellen, Kirchen und Bildstöcke geweiht. Ganz vereinzelt sieht man noch ihr Bild (Statue) in schmalen Nischen (namentlich neben oder über dem Haustor) stehen, dagegen trifft man des öfteren Inschriften, die an diese Heilige erinnern – z.B.:

Sankt Agatha, eine keusche Braut,
dies Haus soll dir sein anvertraut;
bewahre es vor Feuer und Brand,
dazu vor teuern Jahren,
wie Westfalen genug erfahren.
Fiel dieses das teuerste aus,
in welchem man baute dieses Haus.
Anno 1794.

Du strafest, Herr, mit Feuer und Brand,
Und füllest es mit deiner Hand.
Ist dein Will', so strafe fort,
Sankt Agatha, ora pro nobis:

Sankt Agatha, o Christi Braut,
Dies Haus soll dir sein anvertraut,
Beschütze uns alle vor Feuer und Brand,
Dazu das ganze Vaterland. Amen.

Ähnlich:
Sankt Agatha, du edle Braut,
Dies Haus soll dir sein anvertraut;
Beschütze es vor Feuer und Brand,
Sankt Agatha, bitt' Gott für uns.

Andere Inschriften:

Allzeit traurig – ist beschwerlich,
Allzeit lustig – ist gefährlich;
Allzeit glücklich – ist unmöglich,
Nichts ist besser als vergnüglich.

Hoh Steuern sind bei manchen verpönt:
Schreibt der Kaiser eine Steuer aus,
Am ersten trifft's das Bauernhaus.

An einer alten Schmiede fand ich folgende Inschrift, die auch wohl als bloßer Handwerkerspruch manchem Schlosser und Schmied bekannt sein dürfte:

Wenn an jedes lose Maul
Ein Schloß müßt' angelegt werden,
Dann wäre die edle Schlosserkunst
Die beste Kunst auf Erden.

*

Willst du mich haben fein und glatt,
Gib mir Heu und Hafer satt.
(An einem Pferdestalle.)

Meistens weisen auch Glocken interessante Inschriften auf; beispielsweise:

Christo et eius matri mariae sacrata,
christiana vocor, voco christianos ad Christum.
(Christo und Maria, seiner Mutter, bin ich geweiht,
ich heiße „Christin" und rufe die Christen zu Christus.

Seite aus dem handschriftlichen Manuskript (Heft)
zu Henkes Werk „Sauerländische Volkspoesie" (1913)

Volkslieder

Das Volkslied, das naiv-sentimentale „Barfüßle" der Kunst, ist ein überall beheimatetes Findelkind, – ein Naturkind, das mit ewigjunger Freude leuchtenden Augs über die sonnverbrannte Heide schreitet und mit einem helljauchzenden Jodler die sommerfrühe Halde hinabeilt, um unter schalkhaftem Lachen spielenden Hütebuben einige Worte zuzuflüstern. Träumend und dichtend zieht es seinen Weg. Einem singenden Wanderburschen im Orden der Fahrenden heftet es einen Schwall Waldblumen und rote Vogelbeeren auf den abgegriffenen Filz. Und wenn es gar einem Künstler begegnet! Dem singt das Volkslied Wehmut und Sehnsucht ins Herz. Abends schenkt es perlende Weine in funkelnde Römer, sitzt aber auch in stiller Häuslichkeit gern und lange zu Gast.

Früher, in längstverrauschten Zeiten war es Gefährtin der Scholaren, Komödianten, Zigeuner, Musikanten, kurz: des ganzen fahrenden Volkes. Zumeist entschwundene Romantik!

Es gab eine Zeit, in der es in dem verzauberten Schlosse des Unbekanntseins und Vergessenseins schlief. Da kamen Dichter und küßten es wach aus dem Dornröschenschlaf. Und das deutsche Volkslied war nicht undankbar: Auserwählten unter den Sängern im deutschen Dichterwald hat es den Weihekuß der Sangespoesie auf die Stirn gedrückt. – –

Volkslieder müssen erklingen, wenn die Dämmerung sacht auf Höhen und Täler niederschwebt und der stille Zauber der Heimat auf suchende und unrastvolle Seelen fällt; wenn die blauen Berge hoch und massig in den Goldgrund des westlichen Abendhimmels hineinragen und müde Menschen von einer Blume des Glückes, die irgendwo in einem fernen Grunde blüht, träumen lassen; wenn weit hinter einem dunklen Tannenschlag glutrot der Mond emportaucht und sein Silberlicht über die schlafende Erde gießt. Nicht nur dann. Wenn feierlich der junge Tag der sonnengeborenen Morgenröte ein Tauperlenarmband zum Geschenk anbietet, – die Pflicht Opfer und harte Arbeit fordert; wenn wir hoffnungsfroh durch den lachenden Frühling schreiten; wenn sommers die Rosen so schwer duften und hinterm Ährenfeld ein lockendes Vogellied stirbt; wenn das Alter wunschlos vor der tonmüden Farbensymphonie des Herbstes steht: – dann soll ein Volkslied die tiefste Saite des Menschenherzens in Schwingungen versetzen.

*

Aber was wird heute noch gesungen? Mit verschwinden wenigen Ausnahmen das seichte Modelied, der Gassenhauer. Künstlerisch durchweg wertlos, scheint er aus quietschvergnügter Stimmung heraus geboren zu sein und bietet besten Falls einen höchst traurigen Beleg für eine entartete Kultur. Ein Gassenhauer jagt den andern, alle aber werden und bleiben vergessen; kein halbwegs vernünftiger Mensch rührt die Feder, um sie zu retten. Wie anders dagegen das Volkslied! Solange noch nicht der letzte Erdenbewohner als Haupt der Schöpfung und als letzter Dichter „singend und jubelnd" Mutter Erde verlassen hat, so lange wird auch das Volkslied in seinem bescheidenen Kunstgewande leben – wenn es sich auch zeitweilig in ruhige, fast weltvergessene Landteile zurückziehen muß, trotzdem! – und seine goldnen Fäden um jedwede Erdenstimmung spinnen. Eins freilich bleibt ihm stets fremd, was das sieche Knochengerüst jenes Straßengesanges ausmacht: prickelnder Sinnenkitzel. Man lasse doch die minderwertigen, nichtssagenden Schlager in der rauchschwangern Pestlust der Städte, wo sie aufwachsen und – verkümmern mögen! Haltet sie fern von den poesieumwobenen Gauen des alten Sachsenherzogs Widukind! Weist sie zurück überall dort, wo Bodenständigkeit, Natürlichkeit, Selbstzucht und Volkskraft starke, wettererprobte Wurzeln geschlagen haben!

Über Geschichte, Wesen und Bedeutung der Volkslieder ist von Berufenen viel Gutes und Schönes geschrieben; es ist also überflüssig, auch mit nur ein paar Worten darauf hinzuweisen.

Bloß einige Lieder[4], die meines Wissens vereinzelt oder zum Teil überhaupt noch nicht abgedruckt wurden, sollen die Sammlung als solche schließen.

NEUJAHRSLIED

Guten Morgen, guten Morgen
   In diesem Haus!
Wir wünschen euch, euch wünschen wir:
   Ein glückseliges neues Jahr –
   Und ein glückseliges neues Jahr.

Herr und Fraue, Herr und Fraue
   In diesem Haus!
Wir wünschen euch, euch wünschen wir:
   Ein glückseliges neues Jahr –
   Und ein glückseliges neues Jahr.

Söhn' und Töchter, Söhn' und Töchter
   In diesem Haus!
Wir wünschen euch, euch wünschen wir:
   Ein glückseliges neues Jahr –
   Und ein glückseliges neues Jahr.

Knecht' und Mägde, Knecht' und Mägde
   In diesem Haus!
Wir wünschen euch, euch wünschen wir:

---

[4] Leider muß ich mir versagen, gerade die prächtigsten Lieder, die vorwiegend sauerländischen bzw. westfälischen Charakter tragen, in folgendem zu einem Blumenstrauß zu pflücken: einerseits liegt eine auch nur annähernde Vollständigkeit bezüglich der Volkslieder nicht im Vorwurf dieses Werkchens (was ich ausdrücklich unterstreiche), andererseits sind jene des öfteren gesammelt und abgedruckt worden. Im übrigen sei unter den zahlreichen Volksliederbüchern nur auf den „Liederhort" von Erk-Böhme, auf Reifferscheids „Westf. Volkslieder" verwiesen.

Ein glückseliges neues Jahr –
Und ein glückseliges neues Jahr.

Silvesterabend zieht die Jungmannschaft durchs Dorf, um mit vorstehendem Lied das neue Jahr „anzusingen". Schlag 12, mit Anbruch der Geisterstunde, die das Neujahr einleitet, beginnt man, vor jedem Hause „anzusingen". Während des Sanges, der auch wohl ab und zu von einer mehr oder minder guten Musik begleitet wird, schreibt einer mit Kreide an die Haustür: „Prosit Neujahr!" (oder ähnlich) und die jeweilige Jahreszahl.

DREI-WEISEN-LIED

Es kommen drei Weisen aus Morgenland,
Durch einen Stern von Gott gesandt;
Der Stern war groß und wunderschön,
Darin ein Kind mit der goldnen Kron';
Die goldne Kron' sein Zepter war,
Sein Antlitz war wie die Sonne so klar. –
Sie kommen auch vor Herodes Haus,
Herodes der im Fenster lag,
Herodes sprach mit Schimpf und Spott:
„Ach Gott, warum ist der Dritte so schwarz
Der Drittes ist mir wohlbekannt:
Er ist ein König aus Morgenland." –
Und als der Stern nun stille stand,
Da gingen sie in den Stall hinein
Und fanden Marie mit dem Kindelein;
Sie brachten auch ihre Schätze dar:
Sie opferten ihm Gold und Weihrauch,
Gold, Weihrauch und Myrrhen sie brachten dar
Dem Kinde, das ihr Heiland war. – –
Das neue Jahr, die Seligkeit –
Von nun an bis in Ewigkeit.

*

Sie haben uns was zur Ehr' gegeben,
Der liebe Gott laß sie in Frieden leben,
In Frieden und in Einigkeit
Von nun an bis in Ewigkeit.

An dieses Lied knüpft sich ein althergebrachter Brauch. Am 6. Januar kommen abends in der Dunkelheit die „heiligen drei Könige", „de Hielgendrai", wie sie bei uns heißen. In Verkleidung und Maskierung gehen sie in jedes Haus und geben ihr Sternsängerlied zum besten, wobei einer der „Weisen" eine auf einem Stocke befestigte Scheibe in Kreisbewegung versetzt. Der dritte namens Kaspar, wohl eine Art Judasnatur, sorgt für den materiellen Gewinn des Sanges.

Das deutsche Volk hat dem unmenschlichen Korsen einige Stammbuchverse auf den Denkstein der Verachtung geschrieben, denen eine gewollte oder unbewußte Verwechslung mit dem jungen Dauphin Ludwig zugrunde liegt. Jeder Volksschüler weiß, daß Napoleon niemals ein Schuster gewesen ist, dennoch heißt es:

Napoleon, du Schustergeselle,
Du sitzest nicht fest auf dem Thron;
In Deutschland, da warst du so strenge,
In Rußland bekamst du den Lohn.

Ach, hättest du nimmer an Rußland gedacht
Und hättest mit Preußen den Frieden gemacht,
So wärest du Kaiser geblieben
Und hättest behalten den Thron.

Die Strophen werden meist nach der Melodie, oft auch ein Anschluß an: „Es kann ja nicht immer so bleiben ..." gesungen.

OBEN AUF GRÜNER HEIDE

Oben auf grüner Heide,
:,: Da steht ein schöner Birnenbaum;
Schöner Birnenbaum trägt Laub. :;:

Was war denn an dem Baum?
Ein wunderschöner Stamm –
Stamm am Baum,
Baum in der Erde
Oben auf grüner Heide usw.

Was war denn an dem Stamm?
Ein wunderschöner Bast –
Bast am Stamm,
Stamm am Baum,
Baum in der Erde
Ob auf *usw.*

Was war denn an dem Bast?
Ein wunderschöner Ast –
Ast am Bast,
Bast am Stamm,
Stamm am Baum,
Baum in der Erde
Ob auf *usw.*

Was war denn an dem Ast?
Ein wunderschöner Zweig –
Zweig am Ast,
Ast am Bast,
Bast am Stamm,
Stamm am Baum,
Baum in der Erde
Ob auf *usw.*

Was war denn an dem Zweig?
Ein wunderschönes Blatt –
Blatt am Zweig,
Zweig am Ast,
Ast am Bast,
Bast am Stamm,
Stamm am Baum,
Baum in der Erde
Ob auf *usw.*

Was war denn an dem Blatt?
Ein wunderschönes Nest –
Nest am Blatt,
Blatt am Zweig,
Zweig am Ast,
Ast am Bast,
Bast am Stamm,
Stamm am Baum,
Baum in der Erde
Ob auf *usw.*

Was war denn in dem Nest?
Ein wunderschönes Ei –
Ei im Nest,
Nest am Blatt,
Blatt am Zweig,
Zweig am Ast,
Ast am Bast,
Bast am Stamm,
Stamm am Baum,
Baum in der Erde
Ob auf *usw.*

Was war denn in dem Ei?
Ein wunderschöner Vogel –

Vogel im Ei,
Ei im Nest,
Nest am Blatt,
Blatt am Zweig,
Zweig am Ast,
Ast am Bast,
Bast am Stamm,
Stamm am Baum,
Baum in der Erde
Ob auf *usw.*

Literaturkritisches
[Nachbemerkungen]

Möglicherweise begegnen diese und folgende Zeilen hie und da einem blasierten Lächeln. Gemach! gemach! Wenn selbst in anerkannten literaturgeschichtlichen Werken dem Gassenhauer ein Abschnitt gewidmet wird, – und letzten Grundes nicht mit Unrecht – so halte ich es für angezeigt, die Erzeugnisse der Volksdichtung, wie sie auf den vorigen Seiten zusammengetragen sind, hinsichtlich ihres literarischen Wertes mit einem flüchtigen Blick zu streifen.

Wie schon an anderm Orte erwähnt, läßt mancher Vers, was Deutlichkeit und Sinn anlangt, zu wünschen übrig; ja man kann sogar verfolgen, wie des Reimes wegen der zugrunde liegende Gedanke recht unklar geworden ist. Die Regeln der Metrik und Poetik sind manchmal stiefmütterlich behandelt, weil man sie eben nicht kannte und Volkspoesie sich zudem nicht in das Prokrustesbrett technischen Formelkrams zwängen läßt. Licentia poetica ist hier alles. Vers- und Strophenarten lassen sich durchweg nicht genau feststellen. Beispiele für Stabreim (Alliteration) und Halbreim (Assonanz, Stimm- oder Vokalreim) sind zur Genüge vorhanden.

Wer sich in der Poetik auskennt, wird von selbst auf die rhetorischen, malerischen Figuren und Tropen im engern und weiten Sinne aufmerksam. Dabei darf man die dichterische Freiheit nie außer acht lassen, weil man sonst leicht Gefahr laufen würde, diesen urschlichten „Dönekes" und „Rippräppkes" (abgesehen vom Volksliede) alle Anzeichen, die auf Regeln deuten könnten, abzusprechen. Will man die Grenzen nicht allzu eng ziehen, so läßt sich in den vorliegenden Fällen lyrische, didaktische, dramatische Poesie mit einigermaßen gutem Willen unterscheiden, – wenn auch nicht haarscharf, so doch teilweise.

Gesund naturalistische Heimat- und Lokalkunst im engsten Sinne der literarischen Schlagworte, eine derb-kräftige Landkost, die nicht allen mundet; Schwarz-Weiß-Kunst in bodenständiger, inhaltvoller Ehrlichkeit, – das ist Volksdichtung. Sie ähnelt dem Wildwuchs stiller Rainblumen, denen die Hand des Gärtners fehlt, die aber nichtsdestoweniger durch ihre wilde, herbe Schönheit uns erfreuen und beglücken.

T: Henke 1913 (Sek.-Lit.: Bürger 2006).

III.
Gedichte in sauerländischer Mundart

Min Duarp, en Hius
ne Linnenbeom
iut allem Gövend un Blaumenstriuß
steit dag fiär dag in minem Dreom
– wör ick wier terhaime!

En Kinnerlaid,
en Mutterwoort
dät kümmet fake mi in de Mait –
wiu lange fiär mi 't nit mehr foort?
– wör ick wier terhaime!

De Klocken lütt
den Sunndag in
Ick raih, witlöftagn Brooten tütt
dohin, wo ick terhaime sin.
O wör ick wier terhaime!

Un mäiks diu mi
de Eogen tau,
Guatt giewe, dänn ick viärhier noch fri
unglüklek bi mi spräcken dau:
Nu sin ick wier terhaime!

MIN DUARP

Min Duarp, en Hius,
ne Linnenbeom,
iut allen Gärens en Blaumenstriuß
steit Dag fiär Dag in minem Dreom
o wör iek wier terhaime!

En Kinnerlaid,
en Mutterwoort,
dät kümmet fake mi in de Mait' –
wiu lange hiär me 't nit mehr hoort?
o wör iek wier terhaime!

De Klocken lütt
den Sunndag in.
Iek saih, witlöftege Stroten tütt
dohin, wo iek terhaime sin.
O wör iek wier terhaime!

Un mäiks diu mi
de Eogen tau,
Guatt giewe, därr iek viärhier noch fri
un glücklek bi mi spriäcken dau:
Niu sin iek wier terhaime!

Nach der Handschrift; das Blatt aus dem Nachlass (siehe Abbildung) ist im Christine-Koch-Mundartarchiv nur als Kopie vorhanden. – Der Titel des Gedichtes ist hier hinzugefügt, entspricht also nicht der Handschrift.

Mein Dorf
(Übersetzungshilfe)

Mein Dorf, ein Haus,
ein Lindenbaum,
aus allen Gärten ein Blumenstrauß
stehen Tag für Tag in meinem Traum,
o wäre ich wieder zuhause.

Ein Kinderlied,
ein Mutterwort,
das kommt oft mir ganz nah –
wie lange hat man's nicht mehr gehört?
o wäre ich wieder zuhause.

Die Glocken läuten
den Sonntag ein.
Ich sehe, weitläufige Straßen zieh'n
dahin, wo ich zuhause bin.
O wäre ich wieder zuhause.

Und machst du mir
die Augen zu,
Gott gebe, daß ich vorher noch frei
und glücklich bei mir sprechen tu:
Nun bin ich wieder zuhause!

MEYN DUARP
(Trutznachtigall-Fassung 1922)

Meyn Duarp, en Hius,
En Linnenbaum,
Iut allen Görens en Blaumenstriuß
Stäit Dag füär Dag in meynem Draum
O, wör ik wier terhäime!

En Kinnerlaid,
En Mutterwoort,
Dät kümmet fake mey in de Mait' –
Wiu lange hiär me 't nit mehr hoort?
O, wör ik wier terhäime!

De Klocken lütt
Den Sunndag in.
Ik saih, weytlöftege Stroten tütt
Dohien, bo ik terhäime sin.
O, wör ik wier terhäime!

Un mäkest diu mey
De Augen tau,
Guatt giewe, dät ik vüärhiär nau frey
Un glücklech bey mey spriäken dau:
Niu sin ik wier terhäime!

Meyn Duarp [Gedicht o.T., „1916 im Felde entstanden"]. In: Trutznachtigall Nr. 4/ 1922, S. 125 [Titelblatt]. [erneut fast textgleich in: Heimwacht Nr. 4/1929, S. 107; abweichende Schreibweisen dort: „Linnebäum" statt „Linnenbaum" – „wieer" statt „wier"]; alle veröffentlichten Fassungen weichen von der Handschrift ab.

Trutznachtigall

Zeitschrift des Sauerländer Heimatbundes e. V.

4. Jahr.   November 1922.   Heft 4.

Meyn Duarp, en Hius,
En Linnenbaum,
Jut allen Görens en Blaumenstriuß
Stäit Dag fuär Dag in meynem Draum
O, wör ik wier terhäime!

En Kinnerlaid,
En Mutterwoort,
Dät kümmet fake mey in de Mait' –
Wiu lange hiär me 't nit mehr hoort?
O, wör ik wier terhäime!

De Klocken lütt
Den Sunndag in.
Ik saih, weytlöftege Stroten tütt
Dohien, bo ik terhäime sin.
O, wör ik wier terhäime!

Un mäkest diu mey
De Augen tau,
Guatt giewe, dät ik vüärhiär nau frey
Un glücklech bey mey spriäken dau:
Niu sin ik wier terhäime!

(1916 im Felde entstanden)
A. J. Henke, gefallen 1917.

Quelle: Nellius 1935, S. 13.

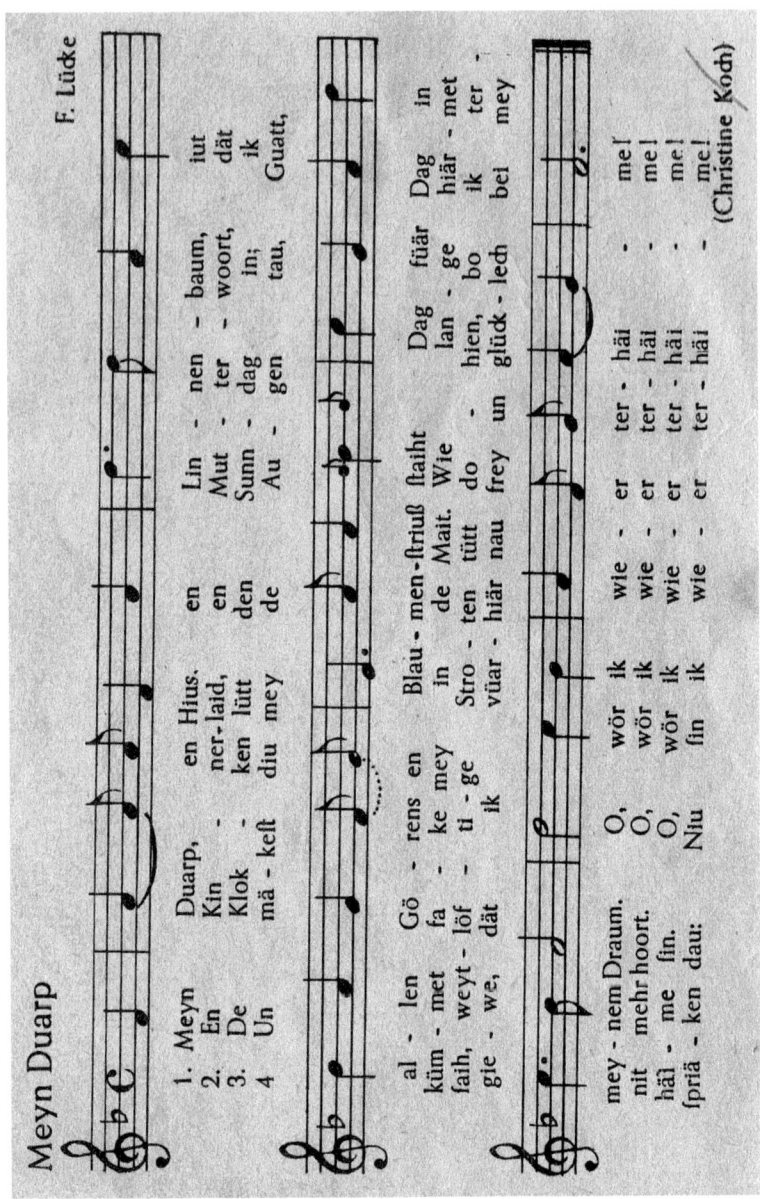

Tonsatz nach: Plümpe/Wiemann 1960 (Autorenangabe: Chr. Koch statt A.J. Henke).

"IM WIENHOLTE ..." (o.T.)

Im Wienholte flütt de Saap,
de Flaitepipen gatt un Happen,
niu mo' vi wier dem Froihjohr
sin nigge Laierbauck uauppklappen.

Schaulkinner maket niäwer'm Hius
van Sliuttelblaumen lange Kien.
De Sunne giett et Fuier
ümsüs tau seo 'nem schoinen Smien.

<small>Aus der Sammlung „Josef A. Henke: Gedichte. Meiner Schwester Maria! Schützengraben a. der Dünafront vor Oger-Galle, im Mai 1916" (Handschrift: CKA)</small>

IM WEYENHOLTE (Trutznachtigall-Fassung 1923)

Im Weyenholte flütt de Saap,
de Flaitepeypen gatt un Happen;
niu mof vey wier dem Froijohr
seyn nigge Laierbauk uapklappen.

Schaulkinner maket niäwer'm Hius
van Schlütelblaumen lange Keyen,
de Sunne git et Fuier ümtsüß
tau sau nem schoinen Schmeyen.

<small>Ediert in dieser Form durch Franz Hoffmeister: Trutznachtigall Heft 1/1923, S. 5.</small>

IM WEIDENHOLZE (Übersetzungshilfe)

Im Weidenholze fließt der Saft,
die Flötepfeifen geh'n und Rindenhupen,
nun müssen wir wieder des Frühlings
neues Liederbuch aufklappen.

Schulkinder machen neben dem Haus
von Schlüsselblumen lange Ketten.
Die Sonne gibt das Feuer
umsonst zu so einem schönen Schmieden.

SPRÜICKE

I.
Dat hiemmelviele Grinen
in allergrottesten Smiärtten
geiht verbi, – et mat in dinem Hiätten
doch endlek wier de Sunne schinen.

II.
De Welt is greot,
diu finnes iüwerall din Breot,
un allerwiägen girr et Kiärken;
doch kannste di dät eine miärken:
Bleos an enner Stie begiegnet di et Glücke,
un dann härr et: Plücke!

III.
Ne blecken Kopp,
ne krausen* Nacken,
en smiäreg Miul –
seo foihr me im Galopp
diär dai dumme Welt.

Wai awer Kramenzelten uawen hiät und Müggen
un seogar ne stiven Rüggen,
dai matt fake sin Zelt
op halwem Wiäge buggen.

*Nicht völlig auszuschließen ist auch folgende Lesart: *kruisen* [in der Hochdeutsche Übertragung übersetze ich: „rauh"; der krause/faltige Nacken ist jedoch der nach hinten gebogene, erhobene Nacken.]

Aus der Sammlung „Josef A. Henke: Gedichte. Meiner Schwester Maria! Schützengraben a. der Dünafront vor Oger-Galle, im Mai 1916" (Handschrift: CKA)

VERÖFFENTLICHTE FASSUNG ZU I UND II
Dät hiemelviele Greynen
in allergrött'sten Schmiärten
gäit verbey, – et mott in deynem Hiärten
doch endlech wier de Sunne scheynen.
*
De Welt is graut,
diu finnest üwerall deyn Braut,
un allerwiägen git et Kiärken;
doch kannste dey dät äine miärken:
Blauts an enner Stie begiegnet dey et Glücke,
un dann herr et: Plücke!

Ediert in dieser Form durch Franz Hoffmeister: Trutznachtigall Heft 1/1923, S. 5.

SPRÜCHE *(Übersetzungshilfe)*

I. Das himmelviele Weinen
in allergrößten Schmerzen
geht vorbei, – es muß in deinem Herzen
doch endlich wieder die Sonne scheinen.

II. Die Welt ist groß,
du findest überall dein Brot,
und allerwegen gibt es Kirchen;
doch kannst du dir das eine merken:
Bloß an einer Stelle begegnet dir das Glück,
und dann heißt es: Pflück!

III. Einen blanken Kopf,
einen rauhen Nacken,
einen saftigen Mund –
so fährt man im Galopp
durch die dumme Welt.

Wer aber Ameisen oben hat und Mücken
und sogar einen steifen Rücken,
der muß oft sein Zelt
auf halbem Wege bauen.

WIÄRÜMME NIT?

Wiärümme siek nit fröggen,
Wo't Liäwen doch söe wenket?
De schoinsten Blaumen blögget
In weiken Froihjohrsnächten.

De Sunne lachet vam Hiäwen
Söe fröndlek-warem raffer
Op all dät junge Liäwen,
Wat doch blöeß äinmol blaumet.

Et löchtet diusend Farwen
Vam Muaren bit taum Owend –
Noch fröeh genaug weerd Garwen
Im Hiärwestwinne stohen.

Frettermühle   A.J. Henke

Einzelhandschrift (1 Blatt) aus dem Nachlass im CKA.

WARUM NICHT? (Übersetzungshilfe)

Warum sich nicht freuen,
Wo's Leben doch so winkt?
Die schönsten Blumen blühen
In weichen Frühlingsnächten.

Die Sonne lacht vom Himmel
So freundlich-warm herab
Auf all das junge Leben,
Was doch bloß einmal blümt.

Es leuchten tausend Farben
Vom Morgen bis zum Abend –
Noch früh genug werden Garben
Im Herbstwind stehen.

Wiärümme nit?

Wiärümme sik nit fröggen,
Wo't Liäwen doch sin wedel?
Da stäohnstn Blaumen blöggel
In wieden Sassefsnächten.

Da Sunne lachet vam Hiäwen
Sou fröndlek·warm roffer
Op all dat junge Liäwen,
Wat doch blöß äinmol blaimet.

Et löscht tausend Sannen
Vam Hiäwen bit tau'n Owend —
Noch fröh genaug werd Sorwen
In Hiärtenskummer stäohn.

Trattenmühle.   A. J. Spenka.

Nachlasshandschrift zu „Wiärümme nit?"
(CKA)

PLATTDUITSK-UNTERRICHT IM HIEMMEL

Äinst saat de Päitrus oppem Staul
Un wußte nit, wat soll hai daun.
„Ach jo! kain Menske well mehr stiärwen,
Un wann se sollt den Hiemmel iärwen."
Söe saggte hai fiär siek und raip –
Hai boggte siek no 'er Syit wat schaif –
Met starker Stemm' int Schalluack rin,
Et söllen foots ter Stie sin
Van 'n Engelkes söe drai bit fyiwe:
„Iek matt int Bauk noch vielles schryiwen."
Wiu't raupen, wören se ock alt do,
Met strengem Blick hai se ansoh;
Un boise iutsaihn, dät verstäiht hai.
Un syine Hoor, söe witt as Snai,
Dai smäit hai krius diarnäin un saggte:
„Ih klainen Wichter sollt myi, – wachte!
Et is doch niu wual nicks te lachen –
Ih sollt myi jetzt de Diär bewaken;
Un söll wai kummen viär de Diär,
Söe footens frooget ih, wohiär,
Wohien, wiäshalv, – en Namen droft
Ih nit vergiätten – footens mott
Ih dann diän Mensken myi mellen:
Me kann am äinfachsten hyi schellen."
Un domet genk he int Kontöer,
Te kyiken, wai de Baiker föehr.
Hai mochte alles kontrolläiren,
Ne Unnerslagunk konn passäiren.

Sai makern Spaß un kieken wual
Gans niepe diär dät Sluittelluack –
Do genget: biuß! un wier – biuß ...
Et kloppere an dai gröete Poote,

Un dät met gans bedacht'ger Moote,
As wann me mettem Haamer slätt
Un Niäle dryiwet in en Briätt. –
Dann sliütten sai de Diäre uapp
Un rinner trachte en – – o Guatt!
Wat flüigen niu sai doch bytyit.
Ne Klüppel kam taum Viärschyin;
Ne siuerländsken Biuern dann,
Dai manches Johr alt op syi harr'.
„Taum Duinnerkyil nochmol!" saggt' hai,
„Maint ih, iek wör niu noch nit mai'?
Latt äinen do ne Stunne stoh'n,
Iek wör byinoh wier häimegoh'n!"
Verwünnert kieken sai niu opp:
Dät woll doch nit in iähren Kopp. –
Wat was dann dät wual fiär ne Sproke?
Dät genk doch üewer de Moote.
Un äinte laip no'm Päitrus hien:
„Do biuten matt ne Chinesen sin.
Chinesesk kuiern dait hai mol
Un in der Hand hiät hai ne Pool – –."
„Is guett; iek goh' söefootens met!
Dann finget wyi uns wual terecht,
(In Sprooken kenn't hai siek jo iut.)
In'n Hiemmel kümmet hai nit söe licht." – –
Wat makere hai fiär äin Gesicht,
As viär 'me stonk dai Siuerlänner,
Ne dicken „Aiken" in'n Hännen.
„Ach suih", raip hai, „de Aikenbiuer!
Iek harr' alt lange op Auk liuert.
Un düese Rangen hallet Auk
Fiär äinen Chinesen, wiu im Bauk
Hai stäiht. Sai konnt Auk nit verstohen,
Un diäshalv hät se iährk verdoen." –
„Jo, dät hew' iek wual alt miärket äißen[s],

Doch: Schauster bliv byi dyinem Leisten!
Un kuire widder dann myin Platt
Un kümmere miek nit üm' düt Pack.
Gewiß, doch dät mar iek Auh sien:
Ih mott ..., ih droft et nit mehr lien,
Dät düese Wichter nit mol Platt,
De schoinste Sprook' der Welt, verstatt!
In äine Schaule mott se rin,
Ne guirren Lehrer äuk derhien." –
„Jo, dät hew' iek öek alt lange dacht
Un öek alt mehrmols üwerlaggt. –
Wohiär sall iek en Lehrer niämen?
Me kann doch kaimes dertau tiämen!"
„Wann't mehr nit is, dai is te fingen:
Dai Grimme is doch hyi im Hiemmel,
Dai Strunzerdäler, wiettet ih, –
Et is ne guirren Frönd van myi. –
Dai ‚Lank un twiäß düär't Land' un ‚Sprickeln
Un Spöne' hiät schriewen; Wippkes un –"
„Jo gewiß, iek kenn' iähn ganß genau;
Hai is ne guirren Mann un gau.
Iek well 'ne doch mol raupen looten,
Me mäket dai Saake bestens footens." – –

Un Grimme kam herangeschrietten,
Fast härr'en Biuern ümmerietten,
Söe fröeh was hai, iähn wier te saihn.
Van allen Tyien sprooket dai Bai'n ...
De Fiär, dai staak 'me hinner'm Ohr,
Hai schreiv noch trotz syiner witten Hoor.
Un iuter Taske käik 'me slicht
En frißgeschriewen Manuskript.
„Na, Keerel", saggte Aikenkamp,
„Diu luiges wual noch liuter – –."
„Wat hew' iek anders ock te daun?"

Niu was et Tyit fiär'n Slüettelmann,
Fix brachte hai syin Anlien an.
De Grimme krasser' siek hinner'm Ohr,
Viellichte wör dobyi Gefohr.
Un nit mol Plattduitsk können düese?
Wann hai 'ne mol de Gesetze [?] lüese? ...
Ne Schande, nit mol Platt te können,
Ne gröete Stroof' wör iähn te gönnen! –
Hai mochte siek niu doch noch tiämen
Un't swore Lehramt üewerniämen.
Dann genk et in de Schaule foot.
Ne strenge Miene? – Ach, dät loot!
Un in der Schaule vertallt' hai dann
Diän klainen Rangen üme syi all,
Van syinem siuerländ'sken Volke
Un siuerländ'skem Waater, Holte.

Met Aikenkamp was Päitrus alt
Ne halwe Stunn' am Riäcknen an,
Do kam de Grimme riutdebiästen.
„Diu alle Jiude", raipet hai, „hiäste
Iek gloiwe't nit! – ock an de Geller
Gedacht? Süß dau iek't nit. Oppen Heller!
Diu wes miek wual bedraigen, Snier?
Iek syie Dyi: Spar nit Papier!"

Handschrift (6 Blätter) aus dem Nachlaß im CKA.

SAUERL[ÄNDISCHE] VOLKSPOESIE!

Ach Heer jo!
Wat was myin selle Mann schroh;
as'k no em leztenmol soh,*
do wasse mens halv mehr do,
do aate nöe sese Bröet
un do gänke döet.

* *Vielleicht kommt als Lesart auch in Frage*: as'k ne tem leztenmol soh [?]

Aus dem Nachlassheft „Skizzen u. Erzählungen – Die braune Scholle" (CKA) – ungesicherte Transkription!

ÜBERSETZUNGSHILFE

Ach Herr ja!
Was war mein seliger Mann dürr;
als ich nach ihm (zum) letzten Mal sah,
da aß er noch sechs Brot'
und da ging er tot.

IV.
Schwankprosa in sauerländischer Mundart

Zeichnung vom 2. Februar 1910
aus Henkes Skizzenbuch (CKA)

ZUM GELEIT
[Vorwort zu einem unbekannten Werk „Owendröet"]

„Owendröet" nennt sich mein schlichtes Werkchen, das allen etwas erzählen will, die des sauerländischen Dialekts mächtig sind und ihren Geschmack nicht durch seicht-moderne Literatur verdorben haben, sondern noch mit ganzem Herzen der Heimat und ihrer trauten Muttersprache zugetan sind.

Ich habe versucht, meinen anspruchslosen Skizzen etwas von dem würzigen Harzgeruch unserer dunklen Tannenforsten mitzugeben, Erdgeruch von einem reinen Fleckchen Erde, wohin das laute Weltgetriebe mit seinen Miasmen nicht dringt; wo unverdorbene, kräftige Menschen wohnen, denen jedoch der Frohsinn des Lebens nicht fehlt. – Vieles von dem, was ich diesen Blättern anvertraut habe, wurde gefunden in einsamen und frohen Tagen an dem Heerwege, auf der Halde an rosenbekränzten Rainen.

Ewig lang und heiter ist die Kunst – das Leben so kurz und leidvoll. Überall Tränen, Kummer und Qualen! Aber dringen nicht bisweilen fröhlichere Weisen in diese Alltäglichkeit des kümmerlichen Daseins? Doch wohl. Es kommen lichte Augenblicke, frohe Stunden und Tage, wo der Mensch lacht und sich ein wenig glücklich wähnt. Daß jedoch der Ernst den größten Teil unserer Lebensspanne ausfüllt, daß nur dann und wann bessere Tage uns beschert sind, – das kann wohl niemand leugnen. Wenn sich nun einige lose Töne in diese Sammlung eingeschlichen haben: wer will es mir verargen? Nehmt das Ganze, wie's Leben neben tragischem Ernst auch ausgelassene Fröhlichkeit und zügellosen Leichtsinn duldet.

Sollte sich vielleicht, wie ich leise zu hoffen wage, der eine oder andere meiner Leser, wenn auch nur für kurze Zeit, in meine Feiertagsstimmung zu versetzen wissen und sich in ein besseres Land zurückfinden, oder könnte gar eine Träne gestillt werden, so wäre das für mich des Lohnes genug.

Tritt nun, mein Büchlein, die Wanderung an; mögen alle, denen Du begegnest, dir Freund werden, und gib jedem etwas.

Einzelhandschrift (2 Blätter) aus dem Nachlass im CKA. – Die Aufnahme dieses Textes in diese Abteilung soll nicht suggerieren, daß die geplante Veröffentlichung nur als Sammlung von plattdeutscher Schwankprosa konzipiert war.

TAIHN MARK MEHR

Funken Dierk, ne riken Biuern uawen iut dem Hawerlanne, harr' m Schroir te Bamel [*Bamenohl*] ne Stirke [*Stiärke*] taum Mästen verkofft. Ueme Hielgendrai Köininge herümme moggte se de Piärrejunge wiagbrengen. Eger dät Dier riu tem Stalle looten was, kam dem Dierk syine Frau un besprenkerle de „Hiättenblaume" met Wyihwater, domet nix unnerwiäges passeiere.

„Dät well' ik di awer sien", mainere de Heer, ase dai Junge aflaien woll, „niem di als in acht, dät di de Schroir kainen ophänget! Du hiäs jo alt fake ällere Luie vertellen hort, wiu dai't mäket."

„Kaine Suare, Här! Iek sin öek nit op't Muil fallen. Dät wiettet ih doch oek wuahl." Domet lerre loß.

Kium wasse in Bamel [unnerem] Schlosse, do soh 'me de Schroir alt van wiem kummen. „Diu sieg 'mol", puspe[l]re me hai int Öhr, asse alt niäwen der Kauhstalldiär hält, „diu mas dinem Heeren awer nix dovan sien: Weert do uawen bi auh ock Vaih mästet?"

„Jowuohl. Un ne ganße Masse."

Niu spaziere [*meh*?] witlöfteg ümme dat Dier rümme und besoh se si n[e]ipe. Bomstig! Do spranke op dem Funken sinen Jungen löes, päck ne am Armen un raip: „Kruiz-Dunerlatter! Dät wellt düftege Buiren sin. Un Vaih wellt se mästen konnen? Ne, Bürsken, un hew'[i]k doch de Nase voll van auher Buieri! Suih mol. Wann me en Dier mesten well, – [et is] glik wat et is, ob

Kögge, Rinder, Zien – [snir] me mol [fortens] et Niur af. Und [dät?] wais diu noch nit mol? Un din Här oek nit? Nai, so wat!"
  Owends üme Taine kam dai Jungen wir do uawen im Lanne an. Funken Dierk was noch oppe.
  „He, Bengel, wat mäkes diu dann fiarn Gesichte? Et Dier is di doch nit afbieset, wat?"
  „Dat is guit afliewert woren. Awer ik har[r]e lichte taihn Daler mehr verdainen konnt", saggte der Schroir.
  „Wiu? Wat sieste?"
  „Jo, de Schroir saggte, iek soll bestellen, ih hiarn, [mot(e)g?] gesaggt, tain Daler mehr fiär de Hiättenblaume kriegen konnt, wann ih iähs et Niu[e]r afsnien hiärn; dann laiten iährk [seo] Diers noch twinteg mol so fix mästen." „Hew' [i]ks nit saggt! Junge, mak, datte te Berre kümmes!"

Aus dem Nachlassheft „Skizzen u. Erzählungen – Die braune Scholle" (CKA): Inventar-Nr. H.4.b

Morgenstund hat Gold im Mund

„Mooren m[uo]ren staste niu mol ne Stunde frögger op. Hiaste dat verstohen?"
  Soa kummendeire Graite, diäm Steffen syin Fiägefuir op Eren.
  Steffen was Schüttelnkrämer, harr't Pulver oek grade nit funnen un't arwen wa[h]s 'me op de unrechte Sit wassen.
  Nu guitt. Üme [fif] Uihr am andern Muoren sliatte de Diar alt hinner si tau un stiwelt met syiner Kiepe üwer de Friatterwiesen, üme siek en wännig te [fiärstrieken] (dat harre oek dai unrechte Sit in Schuld). Ne Grawen. Steffen hiawet de [Beine] nit hooge genaug op. „Bums" üewerslätte siek un sträcket alle Väre in de Luft. Schütteln un Düppkes flaiget in diusend Brocken. Asse si diän Scharen bekieken hiat – et is unnerdiäßen [balle achte] – quasselte, gedülleg fiär siek hien:

„Morgenstund hat Gold im Mund –
Schütteln un Düppkes liat im Wiesengrund."

Aus dem Nachlassheft „Skizzen u. Erzählungen – Die braune Scholle" (CKA): Inventar-Nr. H.4.c

„KLINKHAMERS ODOLF ..." (o.T.)

Kl[i]nkhamers Odolf iuter Riuspe was en Buittermann un en Gitzhals dobi. Kuat viär Chrisdag wören de Buitterpriese stiegen. An der Schriäwenbrügge kostere se am meisten.

„Halt!" dachte unse Odolf, „[me] matt nit dumm sin."

Fix [smengere] noh en Schmant [vane de] Mielkdüppens un fank met Wiut an te keirn [= *kirnen*]. Bit dat[e] [söen Taihn-Punds-]Düppen vull Buitter herre. Ne Band drümme gebungen un loes genk et noh Finnentrop. Hai harre nämleg hort, dat de Yiserbahn van do bit noh der Brügge foihre. Dai Saake möggte me doch wuahl prowaiern. Op dem Bahnhuawe in Niggenbrügge (dät is dät jetzge Finnentrop) stonk imme [doen] Geleise ne Güterzugswagen. De Diär was uapen. Wyle dät domols hi no[c]h kaine Unnerführungen gafte, konn Odolf ungestoirt drinkleetern. Sin Billetken fier 10 Pänninge stacke si in de Tabaksblose un satt siek platt op dian Wagenbuam. Met baien [Hännen?] aber [stuzere] siek [eis] sin Buitterdüppen.

„Hiärguatt! Wat was dann diät?"

En Zug snurrere vorbi. Dät genk awer fix.

Odolf pack si anen Kopp. Jo, jo, wat de Luie nit alles maket. Et woor 'me ganß bange.

No' ner Wile kam wir ennen antepuisten.

„Jessesmaterjauß!" dachte do: „Mat dai Kerl op diäm aisten Wagen awer ne Masse Luft hen."

Aus dem Nachlassheft „Skizzen u. Erzählungen – Die braune Scholle" (CKA). Inventar-Nr. H.4.d

Saat wuahl, awer ...

Am achtuntwintegsten Mai achtaihnhundertachtunfötteg saten Joistken un Käsperken, boie Laimenklickers van Hiuse iut, byim Loier te Tiske. Me at Nachtmes. As se bi dr Dickemielk wören, frogere Käsperken: "Wat mainste, Joistken, sin vi balle saat?"
"Jo, dät wuahl, awer't Schliuken dait noch söe guitt."

Aus dem Nachlassheft „Skizzen u. Erzählungen – Die braune Scholle" (CKA): Inventar-Nr. H.4.e

Iut dr Schaule

Albätken was Maidag in de Schaule kumen. Am äisten Dage gefällt 'me do iutgeteiknet, dann hai ungerhält siek tau siner Tefriäenhait ganß nette met diäm Lehre. Natürlek op Plattduitsk un Diu un Diu. Un wat Albätken nit alles vertellen konn! Van säu vielen Goldstücken, dai sin Vatter in der Bilae lien härre, van 'nem Riwekauken, diän sin Süster mol harre backen wollt. Un söe widder, allerhand Brockebiären.

"Nu, magcheste dann ock Swinefleiß?", frogere 'ne de Lehre.
"Jo, dät dau 'k; un nit te knapp. – Iettes diu 't dann öek?"
"Na, Albättken, iek magge't gar nit. Mie wert jedesmol üwel dernoh."
"Ja, diu!? Dät Treise, wat dine Frau is, hiät [mai es] mol in unsem Hiuse vertallt, diu frätes ne ganzen Täller voll – wan de ne mens krieges."

Handschriftliches Einzelblatt aus dem Nachlass [Inventar-Nr. I.3]; der hier kursiv gesetzte Schluß ist ergänzt aus einer zweiten Version im Nachlassheft „Skizzen u. Erzählungen – Die braune Scholle" [Inventar-Nr. H.4.f] (beide: CKA).

EN PINNEKEN

Hännesken konn am drürren Schauldage noch liuter nit recht rüggelek sitten. De Lehrin kuir 'me guitt und schannte. Ümesüs. Hai was un bleif en Wieppel-in-de-Welt. Antleßte nohm dät Fräulein en Stock vam Schaape und drögger 'me.
„O", lachere hai do, „dät Pinneken tebriäke'k di doch!"

Aus dem Nachlassheft „Skizzen u. Erzählungen – Die braune Scholle" [Inventar-Nr. H.4.g]; eine zweite Version ist als Einzelblatt [Inventar-Nr. I.1.] im Nachlass vorhanden (beide: CKA).

WANN ME KAINEN HAUT OPPE HIÄT ...

In der Schaule harren dai „Groeten" grade dät Liäsestücke „Hänschen, zieh dein Käppchen ab" van Heinrich Schlokke luasen; dai in dr Mirrelklasse mochten tauliuern. As de Lehre dät Stücke met 'ne diärspruacken harre, froogere hai dät klaine Päiterken: „Was soll man denn tun, wenn man keinen Hut trägt?"
Päiterken stonk op, makere „hm", „hm". Kunstpöese. Dann saggte en bittken drümmeleg, wiu't sine Art was: „Wenn man keinen Hut aufhat, faßt man eben in die Haare."

Einzelblatt aus dem Nachlass [Inventar-Nr. I.2.]; eine zweite Fassung [Inventar-Nr. H.4.a] enthält das Nachlassheft „Skizzen u. Erzählungen – Die braune Scholle" (CKA)

„IK MEIN ..." (Fassung A)

De Jiud Haimen iut Liänesen harre in Hiäspeke ne Zienbock kofft un lerre met 'me üwer Bamel. Bim Schroir satte op, üme sie ne klainen te drinken un draimol in de Stuawe te [süittern]. Dät Böksken banke si an'n Garentiün.

De Schroir, dai viar der Brianneri stonk, soht, un forts was de Plan do.

„Antöneken", raipe syinem Nower sienen Jungen tau, „Antöneken, kum mol fix!" Dai kam anteloepen.

„Diu kis en Kaßmänneken, wann de dine Saake guett mäkes. Paß op! Diu geihs in unsen Kauhstall un bränges dat junge Hitken doriut un binges et do an'n Tiun niawen diän Bock. Diän awer maste in den Stall binnen."

Antöneken was gau und piffeg. Fix harre den Opdrag iutfoihrt.

Unnerdiässen was et diemestreg woren un Haimen kam doriut, nahm sin Böcksken – hai gloffte, dät wö't noh wiäß – und lerre heime.

„Sarahleben!" raipe alt in de Diär, „ick hab' gemacht ein fein Geschäftle."

Saraliäwen kam metter Lampe op de Diäle un [niu wor] dat Dier mol besaihn. Un zimlek genau. Opemol kieken se iark baie an.

„Ik [meen], ik hätt en Böckchen gekooft, un is doch nur 'ne Hitte!" wundere siek Haimen. – „Kott der Jerechte! Ick [Ich] heb in Bamel opgesetzt."

Do päcke sin Hitteken ame [Banne] und lett wir ümme.

Grad, as de Waiert sinen Gästen diän Ulk vertället, geiht de Diar uappen un de Haimen kiket dorin.

„Schröer, has [hes] du min Böckcken vertuscht?"

Aus dem Nachlassheft „Skizzen u. Erzählungen – Die braune Scholle" (CKA): Inventar-Nr. H.4.h

„IK MEIN ..." (Fassung B)

De Jiude Haimen iut Liänesen [= *Lenhausen*] harre in Hiäspeke [= *Hespecke*] ne Zienbock kofft un lerre met 'me üewer Bamel [= *Bamenohl*]. Bim Schroir satte op, üme si ne Klainen te drinken un draimol in de Stuawe te spiggen. Dät Böcksken banke si an'n Garentiun [*Gorentiun*].

De Schroir, dai viär dr Briänneri stonk, dachte: Halt, diän wes te doch mol ansmiären.

„Antöneken!" raipe nem Nower sinem Jungen tau, „Antöneken, kum mol fix hihien."

Dai kam antelöepen.

„Diu kas di 'n Kaßmänneken verdainen, wann de d[ie]se Saake guitt mäkes. Paß op! Diu gais in unsen Kauhstall und brenges dät junge Hitten doriut un binges et an'n Tiun niäwen diän Bock. Diän awer mäkes de loß und dais 'ne in'n Stall."

Antöneken was gau un piffeg. Fix harr'n Opdrag iutföehrt.

Unnerdiässen was et diemstreg woren, un Haimen kam doriut, nahm sin Böcksken – hai gloffte, dät wör't noch wiast – un lerre haime.

„Saraleben!" raipe alt in dr Diär, „ik hab' gemacht ein fein Geschäftle."

Saraliäwen kam metter Lampe iut der Diär op de Diäle, un niu wor dät Dier mol besaihn. Un genau. Op ainmol kieken se iährk an.

„Ik meen', ik hätt' en Böckchen gekooft, und is doch nur ein Hittken", wunnere siek Haimen. – „Gott dr Gerechte! ik hab in Bamel opgesetzt!"

Domet päcke sin Hittken und lerre wier üme.

Grad, as de Schroir sinen Gästen sinen niggesten Schelmenstraich vertallte, genk de Diär uappen, un Haimen keik ganß etterbiettersk dorin.

„Schrör, hes de min Böck[sk]en vertusk[e]t?"

Lose Handschrift (3 Blätter) aus dem Nachlass (Chr.-Koch-Mundartarchiv): Inventar-Nr. I.4.

En Gans Klauker

Viär äinegen Johrtainten liäwere in G. byi F. öek äiner namens Hännes, dai 'n Verstand met'em Schuimeliepel giätten harre; hai was awer üewergens en gans guoren Keerel. Foiermann was syin Geschäft, un äines Dages harre hai kain Smiär mehr fiär syine Wagenassen. Hai genk diäshalv – awer ziemleck gemütlech – noh F., ümme syi en Düppken voll Smiär te leinen. De Sunne peelere schauderhaft, awer hai vergöet noch kainen äinzegen Sweitsdruappen: et genk nämlech biärgav, un hai nohm syi ok Tyit taum Gohen. Noh äiner, syie un schryiwe, noh äiner richtegen Stunne van seckseg Miniuten was hai alt in F. un harr' fix en Düppken Wagensmiär buarret. Ase hai syi byim Loier eß ne stiuern „Allen" hinner de Binde schutt harre, makere hai siek wier op de Beine.

Et genk biärgav [*biärg(r)ov? (s.o.)*].

De Sunne kam 'me wärmer viär, ase [wohe] dorafferkummen was.

Hännes flaukere und schannte.

„Hiemmelduinnerwiär, düese Sunne!"

„Diu sös öek laiwer in der Hölle (hai gloffte, de Sunne wör in der Hölle eß heit maket) bliewen sin", knurrere dann mol wier in syinen Bart.

Hai harre syin Düppken unner'n Haut oppen Kopp stoppet, – et was söe syine Möede. Balle flüitten 'me de Sweitsdruappen vam Koppe, ase wann't ne Sintflaut giewen soll; et was awer tworens kain Sweit, et was blöeß – dät Smiär, watte in d[i]äm Düppen unnerm Haut te hewwen gloffte.

Unse Hännes greip daip in de Tasken un woll en Snuffdauk riutkriegen; jo, Snuffdauk syie iek, et was blöeß söe'nen allen Lappen, wo hai Wagenassen met blank schrurre [?]. Hai wiskere syi en paarmol d'rmet diär't Gesichte, und hai soh sliemmer iut ase ne Schuatt-steinsfiäger. Un sweiten dä he noch liuter.

Do – op äinmol kam de Vikarres ümme de Ecke.

Dai soh, bleiv stohen und kreig verbaarske Angest.

Hai dachte würklech, de labändege Duiwel wör iut'er Hölle sprungen. Viär aller Angest makere en paarmol et hailege Kruizteiken.

Ase de Vikarres awer nöger kam, – düese Duiwel soh doch 'nem Mensken verdammt ähnlech – nohm de Hännes syinen Haut av, un dät ganße Smiär strullere 'me üewern Kopp un't Düppken fäll op de Eere.

Niu kannte iähn de Vikarres un de Hännes wußte öek balle, wat löes was. Dann vertallte hei dem Vikarres dai ganße Geschichte, und dai kreig byi allem Lachen antleßte et Slucken.

Einzelhandschrift (4 Bl.) aus dem Nachlass im Chr.-Koch-Mundartarchiv: Inventar-Nr. J.4. – Vgl. zu sauerländischen Zeugnissen über Minderheiten, Außenseiter und „Einfältige": Bürger 2013.

V.
Hochdeutsche Prosaskizzen aus dem Nachlass

Zeichnung vom 13. Februar 1910
aus Henkes Skizzenbuch (CKA)

Ein modernes Märchen

Wir leben im Zeitalter der Industrie und Technik.
Die gute alte Zeit ist zu Grabe getragen. Ihre Erbschaft hat das moderne Leben angetreten.

Durch manches romantische Tal, in dem früher nur die Nachtigallen ihre lockenden Lieder erschallen ließen, schlängeln sich Eisenbahngleise, auf denen knatternd und ratternd das nimmermüde Dampfroß dahinrast.

Heute fährt zum erstenmal ein buntbekränztes Zügle durch das sonst so stille Gebirgstälchen: fauchend und schnaubend donnert es an einer hohen Felswand vorüber. Es ist, als ob die gewaltigen Felsblöcke erzitterten, entsetzt stieben die Vögel auseinander, die gerade bereit sind, ihr Morgenkonzert abzuhalten.

Und erst im Innern des Berges, wo die Zwerge wohnen! Sie glauben, die Felsen müssten über ihren Häuptern zusammenstürzen. Für wenige Augenblicke verstummt ihr heiteres Gelächter, und dann kollert verstohlen eine Träne über die Wange des einen oder anderen und verschwindet in dem weißen Barte.
Ein ängstliches, vorsichtiges Geflüster, auf allen Gesichtern tiefer Schmerz.
Sie wissen: hier können sie nicht länger bleiben. Lange wird's nicht mehr dauern und die neue Zeit wird sie ganz vertreiben. Manche Gewohnheiten, Sitten und Gebräuche haben sie schon verkümmern sehen und stillschweigend in den Sarg der Vergessenheit gebettet, bald werden auch sie selbst aussterben und aus der Erinnerung der Menschen gestrichen sein. Die neue Zeit! – –

Die bleiche Nacht hat sanft einen Kuss auf den schwellenden Frühlingsmund gepresst. Tiefes Dunkel umfängt die Natur.

Trippelnd zieht die Schar der Zwerge die Bergeslehne hinauf, sie wollen ihr Heim, das ihnen jahrhundertelang angenehmen Aufenthalt bot, verlassen, fliehen vor der neuen Zeit. Ein großes Weh schlich sich in die kleinen Herzen. –

Es sind ihrer viele. Zwei, die an der Spitze des Zuges schreiten, tragen einen kleinen, gläsernen Sarg, in dem sich allerlei abstrakte Begriffe befinden.

Jetzt sind sie auf einem Felsvorsprung angelangt; alle werfen ihren Blick noch einmal zurück, und ihre Gedanken hängen alten Erinnerungen nach.

Sprühende Blicke voll Zorn und Verachtung zucken aus manchem Auge den rauschenden Schloten da unten im Tale entgegen. Ha, wenn sie die übern Haufen pusten könnten!

Eintönig klingt das gewaltige Lied der Arbeit herauf. Flammen lohen hier und da gen Himmel.

Durch ein Fenster eines Bauernhauses, das dicht am Fluss liegt, schimmert noch Licht. Ja, sie können es sich schon denken: da wird der alter Bauer, dem sie oft aus der Not geholfen, sitzen, den Kopf in die arbeitsharte, schwielige Hand gestützt; vor seinen schlaftrunkenen Augen hüpfen die Zahlen, die er in großen, zittrigen Zügen aufs Papier schreibt, hohnlachend hin und her.

„Der hat zu spät angefangen zu rechnen", ließ sich einer der Zwerge vernehmen, „er wird den Kampf um seine Scholle, an der sein und der Ahnen Blut und Schweiß klebt, bald aufgeben müssen. In kurzer Zeit wird auch sein Grund und Boden von dem lechzenden, nimmersatten Ungeheuer verschlungen sein."

Seine Brüder nicken stumm.

Da – ein hundertstimmiger Schrei dringt aus ihren Kehlen.

In der Ferne tauchen zwei Flammenaugen auf, nähern sich unheimlich schnell und schon saust der Zug zu ihren Füssen an dem Berge vorbei. An den Felsen geistert ein mattroter Lichtton.

Einer spuckt verächtlich auf das friedenstörende Untier hinab, aber wie eine Schlange zischt es weiter.

Schweigend treten dann die beiden Sargträger auf eine weit hervorspringende Kante, heben den blitzenden Sarg über die Köpfe empor und – da! ein klirrendes Aufschlagen. In tausend und abertausend Teilchen zersplittern sich die Glasstücke und sprin-

gen ins Steingeröll. Die Kinder werden sich später über die glänzenden Glaskörperchen freuen. –
 Dann geht die Wanderung weiter, immer hinauf ins Gebirge, und wildverwachsen wird der Pfad. Schon graut der Morgen, da treffen sie ein wunderhübsches Mädchen, dessen Blauaugen ihnen fröhlich entgegenlachen. Barfüßig, in abgetragenem Kleidchen, auf den dunkeln Haaren einen unverwelkenden Kranz von Rosmarin und Vergissmeinnicht, reicht die Kleine den klugen Gesellen das braune Händchen. Es ist das Volkslied, das sich auch auf der Flucht vor der Hatz und Hart der neuen Zeit befindet. Hinauf ins Gebirge, immer mehr waldeinwärts will es ziehen und dort durch seinen Naturgesang die schlichten Bewohner beglücken!

Im Osten rötet sich der Himmel, die ersten Strahlen der aufgehenden Sonne umspielen die efeuumsponnenen Überreste einer zerfallenen Burg.
 Hier, wohin nur wie windverweht der Pfiff der rauchenden Schlange und der Schrei des bodenraubenden Dampfrosses tönt, will man wohnen.
 Bald erschallen Axtschläge durch den Wald, die Holzer beginnen ihre Arbeit, aus den rauhen Männerkehlen klingt ein Volkslied – so schlicht und natürlich, dass die kleinen Männchen und ihre Begleiterin fröhlich einfallen. Die gefiederten Sänger, die sich oben in den Wipfeln der Bäume behaglich wiegen, verstummen für kurze Zeit, um dann umso kräftiger und wohllautiger ihre Liedchen zu zwitschern.
 Im fernen Forst steigt der Rauch eines Kohlenmeilers auf. Dem einsamen Köhler wird's weich um's Herz. Das schwarze, rauhe Äußere hindert ihn nicht, die Klänge, die der Wind mit sich bringt, aufzufangen und mit tiefer Stimme weiterzusingen.

Die Zwerge aber und das Volkslied haben wieder für lange Zeit eine neue Heimat. Und doch: wird nicht nach vielen, vielen Jahren wieder ein Tag kommen, der sie die Heimat verlassen [heißt]? Kann sein. Aber einstweilen kümmert sie das nicht.

Unveröffentlichtes Manuskript aus dem Nachlassheft „Aus dem Sauerland" (CKA); Texterfassung auf der Grundlage einer handschriftlichen Transkription von Claus Henke mit anschließendem Vergleich am Original.

Der Einsiedler
Skizze von
Anton Joseph Henke (Köln)

Es schien ein heißer Hochsommertag zu werden, als Ernst Besoldt früh morgens in der Küche seines Elternhauses am Wasserstein stand und mit klarem Brunnenwasser Gesicht und Hände wusch. Die hohe, alte Standuhr in der nebenanliegenden Wohnstube verkündete die 5. Morgenstunde. Auf dem großen Hofe war alles bereits munter, Menschen wie Tiere. Stand doch ein besonders schöner Tag in Aussicht, der Arbeit in Hülle und Fülle erheischte.

Ernst wollte heute eine Gebirgswanderung machen, und er beeilte sich, etwas Kaffee zu nehmen, um rechtzeitig, bevor die Sonne bereits hoch am Himmel stand, in dem schattigen Buchenwalde zu sein. Seine Mutter steckte ihm noch allerlei Essensvorräte in den Rucksack und begleitete ihn bis auf die Tür und sah ihm noch ein Stück Weges nach.

Rüstig stieg er den Berghang hinauf und war bald außer Sehweite. [Hei], das mußte ein schönes Wandern und Genießen werden heute, der Sonne entgegen. – – – Wanderreisen fielen ihm ein, zu denen ihm noch die passenden Worte fehlten. So summte er leise vor sich hin. Dann und wann, wenn er stehen blieb und sich in der Gegend umsah, erblickte er allenthalben Bauern, wie sie frohgemut an ihr Tagewerk gingen. Nach einem Blick auf die hügeligen Felderbreiten, aus deren Kleefeldern bald hier bald da eine Lerche ins leuchtende Morgenblau klomm, um den Landsmann zu grüßen und zu ermutigen. Schmetternd flogen die jauchzenden Morgengrüße zu einander hin. Alles erglühte unter dem jungfräulichen Brautkusse der frühen Sonne. Überall blinkende Lichter. Mancher Strahl traf den blanken Stahl einer Pflugschar, die ihn glitzernd zurückwarf. Rundum krochen Fuhrwerke und andere Gespanne die gewundenen Feldwege hinauf. Morgenglocken mahnten, bei all der Pracht die tiefste Schönheit nicht zu vergessen, die in aller Heimat auf den Erdenpilger wartet.

Das war seine Heimat, die er, so kam's ihm vor, wenn nicht verraten – nein, liebhatte er sie ja wie kein Zweiter –, aber doch leichtsinnig, anders wollte es der Augenblick [nicht?] heißen, verlassen hatte. Er, der die Natur fast vergötterte.

Jetzt nahm ihn der Buchenwald auf, von dem ein Teil zu seines Vaters Besitz gehörte. Oben in den Kronen probten die immervergnügten und zufriedenen gefiederten Spielleute zum großen Morgenkonzert.

Wie der junge Mensch so dahinschritt, floh plötzlich die Freude an der Natur, und er grub in alten Gedanken, die er nicht loswerden konnte, und die ihn schon monatelang verfolgt hatten. Die ihm keine Ruhe gelassen hatten im Treiben und Lärmen der Großstadt, aus der er erst vor zwei Tagen auf 2 Wochen Urlaub zurückgekehrt war.

Ein Jahr ohne Unterbrechung hatte ihn der Beruf dort festgehalten, hatte ihn festgehalten, trotzdem sich seine Sehnsucht, dem gekünstelten Leben und Tun der übertünchten und kulturbeleckten Stadtleute auf immer Valet zu sagen, von Tag zu Tag gesteigert hatte. Ein Einsamer war er geworden mitten in dem kunstbewegten Leben. Da hatte sich seine Seele heimgesehnt. Und ein großer Plan war in ihm gereift, aufgrund dessen er allen Plunder einer verfeinerten Lebensweise, an dem er manchmal so schwer litt, von sich werfen konnte. Lange hatte er diesen Plan erwogen und wieder verworfen, um ihn am Ende wieder aufzunehmen und daran zu denken, ihn in die Tat umzusetzen. Soviel stand für ihn fest, was er auch immer in den lauten Gassen der Häusermeere anfangen wollte: seine Unzufriedenheit und das Gequälte dieses Daseins würden sich stündlich vergrößern. Nicht [lebenssatte] Lebemannsinstinkte oder freudesatte „jugendliche" Greisenhaftigkeit hatten diesen Zustand in ihm bewirkt, oh nein, er erwartete noch viel Schönes in seinem Leben. Nur ein unwiderstehlicher Drang, ein geheimnisvolles Etwas machte ihm den Brodeldunst der Stadt mit den gezierten Menschen verhasst. Nun war er auf dem Wege, all das verhasste [Kam/Karn?] von sich zu werfen, ein Leben zu beginnen in Schönheit, ein Leben, das vielleicht nicht die Billigung eines jeden hausbackenen Spießbürgers finden würde. Und doch: schon zweifelte er wieder, ob er daran festhalten würde, ob er nicht dennoch irre. Ja, es müßte doch wohl sein: man hatte ihn schon oft einen wunderlichen Kauz genannt.

So gingen seine Gedanken hin und her. Wollte er sie verjagen, um sich nicht den herrlichen Genuß dieser prächtigen Umgebung zu vergällen, gleich stürmten sie wieder auf ihn ein. Fast schien es ihm, als machten sich die Vögel über sein kopfhängerisches Dahinwandern lustig. Wie wollten sie auch nicht?

Da wurde seine Aufmerksamkeit auf einen kleinen, hölzernen Wegweiser gelenkt: „Zum Einsiedler" stand darauf. Die Schrift sowie das Holztäfelchen waren schon von der Witterung hart mitgenommen worden, denn nur mit Mühe vermochte man die Zeichen zu entziffern.

„Ach ja, dahin wollte er ja." Mit dem „Einsiedler" hing sein Plan zusammen. Es war ein wenig begangener, von Gestrüpp überhangener Pfad, der zum Einsiedler führte. Regen und Schnee hatten den Grund ausgewaschen, sodass an den meisten Stellen nur noch das nackte, scharfkantige Schieferlager hervorstarrte.

Mit dem Einsiedler hatte es eine eigene Bewandtnis. Keiner in der Umgegend wußte seinen Namen oder wollte je gehört haben, wie lange der Einsame dort oben in dem Gebirge schon hauste. Er war eben da. Ein Großgrundbesitzer hatte ihm den Flecken geschenkt, auf dem er seine Hütte errichten konnte, und ein Stück Heideboden zum Urbarmachen dazu. Man vermutete dies und das, der eine wollte dies, der andere jenes über ihn wissen oder gehört haben. So hatte sich ein merkwürdiger Sagenkreis um den Mann gesponnen, wie es in der Regel der Fall ist, wenn ein Mensch durch irgendetwas aus der Masse hervorragt, vorzüglich wenn das unter besonderen Äußerlichkeiten geschieht oder der Betreffende sich die Einsamkeit zur Freundin erkoren hat. Der kleine Schneider im Dorf gab sich gern den Anschein, als wüßte er mehr von diesem Sonderling als alle übrigen, aber etwas genaues konnte auch er nicht berichten. Zwei Märchen gingen um: Er hat seine Frau erschlagen, dafür will er Buße tun; nein, er ist früher im Auftrag eines Fürsten von Gotteshaus zu Gotteshaus gezogen, als Vorbeter an hohen kirchlichen Festtagen.

Manchmal wenn heftige Winterstürme über den Wald heranzogen und allerlei Schaden im Dorf anrichteten, Ziegel von den Dächern hoben, Latten umwarfen und blutjunge Apfelbäume knickten, dachte dieser und jener an den Alten, ob's ihm nicht zu grausig da oben würde.

Ernst war vor Jahren, als er noch eine bunte Gymnasiastenmütze trug, zweimal da oben bei dem Einsamen gewesen und hatte sich seine Zuneigung zu erwerben vermocht. Nichts sah jener lieber, als wenn man ihm eine Zigarre anbot oder gar ein Paketchen Taback.

Nach einer halben Stunde mühevollsten Emporsteigens war der Kamm des Gebirges erreicht und aus den krüppelhaften Kiefern tauchte auch schon das Einsiedler-Häuschen auf.

Der Greis saß auf der hölzernen Bank an der Südseite seines Heimes und sonnte sich. Verwundert, doch ohne Neugier schaute er dem Wanderer entgegen, den er nicht mehr zu kennen schien. Ernst rief ihm ein frohes „guten Tag" zu, was mit leisem Kopfnicken erwidert wurde.

„Ja, ich erinnere mich nun wieder", [meinte] der Einsiedler, als ihm Ernst seinen Namen genannt hatte unter Hinweis auf seine früheren Besuche, „es ist freilich schon eine Reihe von Jahren her, seitdem ich dich sah, und meine Augen sind nicht mehr von besonderer Schärfe, deshalb habe ich dich nicht gleich erkannt,

Ernst. Wie geht's denn, gut, nicht!? Bist doch ein vornehmer Herr geworden."

„Vornehmer Herr hin, vornehmer Herr her", lehnte der ab. „Ich bin nahe daran, dies Vornehme, was man so nennt, von mir zu werfen."

[*Unvollendet*]

Unveröffentlichtes Manuskript aus dem Nachlassheft „Skizzen u. Erzählungen – Die braune Scholle" (CKA); Texterfassung auf der Grundlage einer handschriftlichen Transkription von Claus Henke (10.-12.2.2000) mit anschließendem Vergleich am Original. – Dem Text geht in der Originalquelle der folgende, durchgestrichene erste Versuch voraus:

DER EINSIEDLER (OD.: KULTURBELECKT.)
SKIZZE VON ANTON JOSEPH HENKE (KÖLN).

Ferien muß man nehmen, wie sie kommen. Damit hatte sich auch Ernst Besoldt abgefunden, der mitten im Hochsommer zehn Ferientage von seinen Herrschaften erhalten hatte. Für ihn war's von vornherein klar, was er mit diesen Erholungstagen anfangen würde: wo sollte es ihn, der das ganze Jahr an den Schreibtisch [*durchgestrichen*: in der Redaktion einer mittleren Tageszeitung gefesselt/geschmiedet war], denn hinziehen, wenn nicht zu den schon lange vermißten Gefilden seiner Heimat? Zehn Tage nur. Dafür brauchte man doch keine ernsthaftigen Vorbereitungen zu treffen. – Drei Tage befand er [sich] bereits in seinem geliebten Heimatdorf, bei seinen Eltern und Geschwistern. Seine Augen konnten sich an dem Glanz und aller Pracht, die überall mit höchster Verschwendung ausgebreitet lag, nicht satt sehen; freilich, wenn man ein Jahr lang nichts als die Enge und staubige Erbärmlichkeit der Großstadt gesehen hat! ... – Da erwachte in ihm wieder die Wanderlust, weit, weit in die Berge zu eilen, um allein zu sein mit der Natur, allein dort, wo ungekünstelte und ungeschminkte Natürlichkeit und Bodenständigkeit der Menschen, frei von allem Überbildetsein der Städter, keine kulturbeleckte Geziertheit zuließ. Er wollte zum „Einsiedler", den er als Kind oft besucht hatte.

DER ROTE JÖRG
Skizze von Ant. Jos. Henke

Der rote Jörg war wieder im Dorfe. Von seiner Anwesenheit waren die Bewohner wenig erbaut. „Wäre er doch auf dem Blocksberge geblieben, anstatt hier die Gegend unsicher zu machen und alle rechtschaffenen Leute zu ärgern. Der Taugenichts und Bummler!" So dachten und besprachen die Leute das neue Ereignis. Vom Osten her war er eines Morgens über die [?] [geschritten] und hatte den Arbergs Toni, der vor seiner Behausung, nahe an der Heide gelegen, den alten Ziehbrunnen wieder instandsetzte, mit einem „So, da bin ich wieder" derb auf die Schulter geschlagen.

Der hatte ihn nicht gleich wiedererkannt, den roh aussehenden, kaum mehr als dürftig und notwendig bekleideten Walzbruder. Auf Tonis Frage, wohin er denn wolle, gab er lachend zur Antwort: „Ja, wohin! Ich lebe von meinen Zinsen und lasse mich zunächst in der Herberge „[*Leerstelle*]" nieder und besehe mir in Mußestunden, wenn's mich danach gelüstet, wie mein Nachfolger, der mein Gut von dem verfluchten Juden gekauft hat, wirtschaftet. Lebt übrigens der alte, sauertöpfige Kammeboß, den Roßkämmer mein' ich, auch noch?"

„Das kannst du ja auch nicht wissen – sieh: den deckt nun auch schon seit zwei Jahren die Kirchhofserde; bei einem Streit hat ihn sein Schwiegersohn erschlagen. Der sitzt nun seitdem hinter schwedischen Gardinen, – wohl auf immer."

„Jö. Jö", tat der Jörg verwundert, „was es nicht schlechte Menschen gibt."

Dann erzählte er noch von seinen Wanderschaften, wobei er mächtig aufschnitt, und gab zu verstehen, daß er sich bei dem Neubau, den sein treuer Freund ausführe, als Handlanger oder dergleichen nützlich machen wolle.

„Das dürfte dir schwer gelingen", wandte der Arberg-Toni ein, „damals, vor drei Jahren, war eure Bruderschaft aus. Er hat dich einfach laufen lassen, als er einsah, was für einer du bist."

Meinte der Jörg leichthin: „O weißt du, da denke ich anders. Sonst müßte ich doch meinen ehemaligen Wirtshauskollegen nicht besser kennen. Wie manchen Humpen haben wir zusammen geleert und mit [....ichen?] Augen auf unsere Neider geblickt. Daß wir uns entzweiten, daran war allein seine Braut Schuld, der zuliebe er den Verkehr mit mir aufgeben mußte. Heute wird seine Liebensneigung wohl ein wenig abgekühlt sein. – Ich gehe sofort zu ihm, und man wird sehen: die Sache macht sich."

Damit verschwand er zwischen den ersten Häusern und schritt auf den stattlichen Neubau des Schulhauses zu, wo er den Maurer Franz Döring zu finden hoffte. – Gegen Mittag sah man ihn auf die Kemme, die Dorfherberge, zuwandern – er hatte inzwischen in den beiden übrigen Schenken seinen Durst überstillt – unter Begleitung der Schulgänger, die ihren Schabernak mit ihm trieben.

Den roten Jörg, [richt(ig)er?]: Georg Bungenstock, den Sohn eines angesehenen Bauern, hatten allzu frühe Übernahme des elterlichen Hofes, Umgang mit liederlichen Burschen und Weibern an den Bettelstab gebracht. Nachdem seine Mutter das Zeitliche gesegnet hatte – der Vater war schon früh, als der Georg erst zwei Jahre alt gewesen, auf einer Treibjagd verunglückt –, war im Nu der Krebsgang gekommen. Beim [Becher] verbrachte er seine arbeitslosen Tage. Franz Döring leistete ihm Gesellschaft, der in seiner leichtsinnigen Lebensauffassung sich keine Gedanken darüber machte, ob und wie er Geld verdiente. Freilich nahm er sich nach jedem blauen Montag vor, die Gesellschaft Bungenstocks zu meiden; aber sein Vater hatte wohl recht, der ihm jedesmal sagte: „Der Weg zur Hölle ist mit guten Vorsätzen gepflastert. Manchem hoffnungsfrohen, unerfahrenen Mädchen riß der Jörg den Kranz der Unschuld mit roher Ruchlosigkeit und frohem Gelächter vom Haupte. Es war eine große, ernste Stunde gewesen, als Döring mit ihm gesprochen hatte; der wilde, leichtsinnigausgelassene Franz hatte Feuer für ein schönes junges Mädchen gefangen, die seine Braut wurde, die blonde Maria. Ihr hatte er versprechen müssen, seinen Verkehr mit dem herabgekommenen Bungenstock aufzugeben. Mit inhaltsreichen vernünftigen Worten hatte er versucht, auch seinen Freund vor dem völligen Ruin zu retten. Aber vergebens: Unaufhaltsam sank er tiefer und tiefer, bis man plötzlich munkelte, sein schöner Hof würde in Kürze unter den Hammer kommen.

Und wirklich: nach drei Monaten war der Zusammenbruch da. An dem Morgen, an dem der Verkauf stattfand – ein Jude aus der kleinen Provinzstadt, der ihm die ganze Zeitlang große Beträge vorgestreckt hatte, war der Hauptgläubiger –, war der Georg bereits im Thran, mischte sich unter die Bieter, die sich zahlreich eingefunden hatten, und bot zur allgemeinen Belustigung und Verachtung selbst mit auf seinen eigenen Besitz.

Mit dem wenigen Geld, das ihm noch zustand und ausgezahlt wurde, ging er nicht haushälterisch um, arbeiten mochte er nicht, noch dazu nicht in der Gegend, wo er ein Prasser- und Schlemmerleben geführt hatte, und so stand er bald mittellos da. Ingrimmig warf er den Bettelsack über die Schulter, nahm den Schwarzdornstock und verschwand jenseits der Heide. Seitdem hatte man nichts mehr von ihm gehört.

Franz Döring hatte währenddessen seine Marie zum Altar geführt und ein kleines, sauberes Häuschen erstanden, darin sich die jungen Liebesleute ihr Nestchen bauten. Franz hatte sein Versprechen redlich erfüllt, er war zu Ansehen und Wohlstand gelangt. Mit ernstem Wollen und Streben wußte er die Leichtsinnigkeit früherer Jahre wieder gutzumachen. Da der alte Mauerwilm – der angesehenste Meister seines Faches weit und breit, bei dem er im Dienst stand – gestorben war, war er an dessen Stelle und hatte seinen Maurer-Gesellen und Gehilfen vorzustehen. Im verflossenen Frühjahr hatte ihm der Amtmann, noch einer vom alten, rechten Schlag, auf Empfehlung des Gemeindevorstehers hin den Neubau des Schulhauses übertragen.

Begreiflich, daß bei der Nachricht von der Rückkehr des roten Jörg die schlanke Gestalt der Frau Meisterin ins Zittern überlief. Und die Überbringerin dieser unerfreulichen Nachricht, die [*durchgestrichen*: Kräuterliese] Zwirnliese, die mit Zwirn und ähnlichen Dingen handelnd von Dorf zu Dorf zog, meinte – ihr waren ja alle Verhältnisse im Umkreis von mehr als fünf Stunden bekannt –: „Gib acht, daß dein Franz ihm nicht wieder in die Hände gerät, sonst könnt's zum zweitenmal schlimmer ausgehen als zum erstenmal. Solche Jugendfreundschaften werden leicht am Wirtshaustisch wieder aufgefrischt – ‚Es war halt eine schöne Zeit' –, und so wird geredet und höllisch leicht bleibt dann der bessere der Freunde an dem versoffenen Kunden hängen. – Ach Frau Meisterin, seid auf eurer Hut! Vor allem schafft eurem Manne keinen Verdruß, denn wie leicht läuft dann so'n Mannskerl zum Haus hinaus, um sich den Zorn herunterzuspülen. Nur daraus kann schnell ein Unglück werden."

So die Ratschläge der redseligen Alten. Marie hielt nicht viel von ihrem Geschwätz, das ja, sah man genauer hin, doch wenigstens gut gemeint war. O ja, sie würde sich alle Mühe geben, recht freundlich zu erscheinen; aber des [Rats?] brauchte's ja schließlich nicht einmal, hatte es doch noch nie während der zwei Jahre einen Streit zwischen ihnen gegeben. Manche andere Frauen beneideten sie um den Mann, der ihr treu ergeben war und dessen Familiensinn man nie genug loben und herausstreichen konnte.

Als sie beim Mittagsessen ihrem Mann an dem kreideweiß gescheuerten Eichentisch – ihr Büblein, den Willy, auf dem Schoße – gegenübersaß, erfuhr sie zum zweitenmal die ungern gehörte Neuigkeit der Rückkehr des ehemaligen Gutsbesitzers.

„Ja, und er hat bei mir Handlangerdienste gesucht", erzählte der Meister weiter, „er will, wie er angibt, ein besseres solideres, wenn auch anfänglich bescheidenes Dasein beginnen."

Sie sah ihn in banger Erwartung an, da er aber nicht deutlich zu verstehen gab, ob er die angebotene Arbeit ausgeschlagen oder angenommen habe, konnte sie mit der Frage nicht länger warten. „Und du, Franz? Was hast du ihm darauf gesagt? Wirst ihn doch nicht etwa aufgenommen haben?"

„Nun, Marie, was ist denn dabei? Du tust ja als wäre dir eine Laus über die Leber gekrochen! Wenn er sich anständig benehme und fleißig arbeiten wolle, könne er getrost bei dem Bau anfangen, habe ich zu ihm gesagt. Bei keinem auch noch so schlechten Menschen ist es zu spät zu einer ernstlichen Umkehr. Ein Beispiel gebe ich ja an mir selbst."

„Ach Gott! Einmal muß ich's dir ja sagen: ich glaube immer, es möchte nichts Gutes aus der Gemeinschaft mit jenem entstehen. Mir ist, als könnte es ein Unglück geben. Er ist ein schlechter Freund."

„Keine Angst" tröstete er, „daß die früheren Zeiten wiederkommen könnten, die sind längst begraben unter dem Namen Jugendtorheit, Jugendleichtsinn. Vielleicht ist's gut, daß ich ihm mein Jawort gegeben habe, so daß wir in Zukunft wirkliche Freunde werden können. Man soll einem Ertrinkenden, wo man nur kann, die Hand reichen."

Manches Für und Wider wurde noch ausgesprochen. Dann rief beide die Arbeit. – So war's. Der rote Jörg ging täglich die erste Woche regelmäßig zu der ungewohnten Arbeit und – soff. Bald kam ein blauer Montag nach dem anderen, dem nicht selten auch ein ebenbürtiger Dienstag oder Mittwoch folgte – je nachdem er die nötigen Pfennige zusammenhatte.

Bis spät in den Herbst hinein ging's so fort. Verschiedene Male war der Unverbesserliche mit einer Einladung zu einem gemeinsamen Schluck an Döring herangetreten, der ihn aber scharf und bestimmt abwies.

Der Bau ging seiner Vollendung entgegen. An einem regnerischen Tag, nach Feierabend, ging Döring noch einmal durch das Erdgeschoß, da er einige Handwerkszeuge vermißte. Da stieß er mit dem Fuße an den roten Jörg, der betrunken die Schnapsflasche neben sich, laut schnarchte. Es schien während der Nacht kälter zu werden. Deshalb rüttelte er den Daliegenden wach und sprach ihm zu, sich zu erheben und die Herberge aufzusuchen. Der aber gröhlte ihn an und wollte ihm seine Flasche anbieten. Döring nahm die Flasche, tat, als wenn er einen Schluck nehmen wollte, warf sie aber gegen die Mauer, daß die Scherben nur so flogen.

„Was?" rief der Vagabund aufbrausend, „mir das? Da nimm!" Und seine feuchte Hand klatschte gegen die Backe seines Arbeitgebers.

Ein wohlplazierter Faustschlag warf den unzurechnungsfähigen, rohen Mann zurück. Aber schon im Taumeln raffte er sich wieder auf und zückte sein Messer auf Döring. Und ehe er sich's versah, verspürte er schon einen leichten Stich im Oberarm, trotzdem er noch rechtzeitig beiseite sprang.

Dann lief der feige Messerheld durch die Fensteröffnung ins Freie. Die Wunde, die er Döring beigebracht hatte, erwies sich als ungefährlich. Höchstens, daß er einen Tag feiern mußte. Maria war, wie ja Frauen meist auch bei geringfügigen Anlässen so sind, voller Sorge um ihn.

Am anderen Morgen aber lief die Kunde durchs Dorf: Der „rote Jörg" hat sich an dem Dachpfosten erhängt.

Unveröffentlichtes Manuskript aus dem Nachlassheft „Skizzen u. Erzählungen – Die braune Scholle" (CKA); Texterfassung auf der Grundlage einer handschriftlichen Transkription von Claus Henke (31.1./1.2.2000) mit anschließendem Vergleich am Original. – Dem Text geht in der Quelle ein Blatt voraus, das nur den Eintrag aufweist: „1866. Erzählung von Anton Joseph Henke".

DIE WEIHNACHTSGLOCKEN
[unvollendeter Entwurf]

Skizze von A. J. Henke

Über dem Rothaargebirge im südlichen Westfalen hing ein grauer Wintermorgen. Auf dem Berghofe wunderte man sich, daß es in der Nacht so viel geschneit hatte, erstaunt standen die Bewohner am Stubenfenster und sahen, wie die großen Fichten sich schüttelten und den Schnee ein wenig vom Gewande warfen. Die breite Scheunentür konnte wegen der zusammenge[eisten] Schneemasse nicht geöffnet werden; erst als der alte Steffen, der zeitlebens auf dem Hofe war, draußen Bahn geschaufelt hatte, gelang es, die vierteiligen Türen zurückzuschieben.

Für heute gab's wenig Arbeit. Zudem war morgen Weihnachten. Da wird ein bißchen aufgeräumt, das ist so ziemlich alles.

Der Bauer selbst saß auf dem Holzkasten hinterm Ofen und flickte Pferdegeschirr, wobei ihm der Pferdejunge, ein Bursche von sechzehn Lenzen, zur Hand gehen mußte. Denn da in Westfalen ist jeder Bauer sozusagen sein halber Sattler, Schmied, Schreiner.

Heinrich Wingendorff, so heißt der Bauer, sinniert mächtig vor sich hin, so daß er wenig mit den Gedanken bei der Flickerei ist. Ja, morgen ist Weihnachten – – aber die Versteigerung des Häuschens, das dem Fritzwilm gehört, wird heute noch sein. Schon hört er, wie man bieten wird: 4000 – – 5000 – – 6000 Mark! Aber er wird's nicht wegwerfen, wird's zu billig, – – na ja, er wird ja sehen.

Denn der Heinrich Wingendorff war ein hartherziger Filz, ein wucherischer Geizhals, das wußten alle Leute in vier Kirchspielen und darüber hinaus. Und so hörte er jetzt schon das Klimpern der Goldstücke. Da ist der reiche Jude Schmul unten aus einem Lennedorfe, der hat ihm schon unter der Hand zu verstehen gegeben, daß er das Häusle für ein neu einzurichtendes Geschäftle kaufen möchte.[1] Zahlen tät' er gut. Da wird er hübsch fein zu seinem Gelde kommen, das er dem Fritzwilm geliehen. – Verstohlen schielte er zu seiner noch jungen Frau hinüber, die hinter ihrem Nähzeug saß. Freilich, die würde ihn wieder eine Predigt hören lassen, wenn sie von der Sache wüßte, eine Predigt, wie sie der Pfarrer nicht besser in der ganzen Woche ausdenken könne. – Was? Schon zehn Uhr? Da muß er gleich fertig sein.

---

[1] Vgl. zu den judenfeindlichen Stereotypen in Henkes Werk die Studie zu „Judenbildern" in der Sauerländischen Mundartliteratur bis 1918: Bürger 2012, S. 553-740 und 749-788.

[An dieser Stelle endet die begonnene Reinschrift; der Text folgt ab hier der ersten, offenkundig ebenfalls unvollendeten Handschrift.]

Der greise Steffen klopfte von draußen – er schaufelte noch immer Schnee vom Hühnerhause bis zur Scheune beiseite, damit das Federvieh nicht in den Schnee [hinaus]flattere, denn da kann's leicht [*blind?*] werden – her ans Fenster und forderte Feuer, da ihm sein Pfeifchen, hierzulande „Hümmel" genannt, ausgegangen war. Frau Marie packte eine glühende Kohle zwischen die „Feuerzange" und legte sie dem Alten auf den Tabak, der gerade nicht immer angenehmen Duft verbreite[te], denn meist gab er ihm einen Zusatz von trockenem Klee.

„Es ist gut", sagte er und blickte der jungen Frau in die Augen. Dann [greift] er seine Schaufel, [*durchgestrichen: und bläst*] blies dem großen Haushund „Wodan", der in dem Schnee umher[trollte], ein paar qualmende Rauchwolken in die Nase. „Wodan" kann solche Scherze nicht vertragen und er [haut] seinem Erzieher in den weißen Bart, was freilich nur ein Zeichen der Freundschaft sein sollte.

Auch er, Steffen, hat so seine eigenen Gedanken. Das mit dem Bauer, wie der's treibt, will ihm nicht recht unter die Mütze. Das ist auch so etwas. Wäre er nicht mit dem Hofe verwachsen, so würde er sich auf seine alten Tage noch eine neue Stelle suchen. Aber die Marie tut ihm leid. Seit zwei Jahren ist sie schon auf dem Hofe. Damals hatte der Bauer die Vierzig schon überschritten, als er sie zu seinem Weibe machen wollte. Sie hatte sich für ihre Eltern geopfert, [das stand fest]. Der Berghofbauer hatte ihrem Vater große Geldsummen geliehen, die zum Teil abzutragen waren. Und was will einer mit so einem Gläubiger machen, wenn er die Tochter fordert. Wollt ihr, oder wollt ihr nicht? Ihr behaltet euer Gut – ihr kommt an den Bettelstab. Und da hatte kindliche Liebe ihr eigenes Glück fahren lassen und den grausamen, um viele Jahre älteren Mann die Hand gereicht. Der aber, den sie liebte, war ein Streuner und Wild[schütze] geworden, seit [gestern] schon saß er wieder im Spritzenhäuschen. Das alles ging dem Steffen durch den Kopf. Ja, die Maria tat ihm doppelt leid. Wingendorff war auch ein Säufer, einer von jenen, die die Flasche in der Tasche tragen.

*

In einem [Tannen]schlag am Fuße des Gebirgszuges lagerte eine Zigeunerbande. Gerade brodelte in einem großen Kessel, der auf einem aus Steinen zusammen[geschütteten] Notherde stand, die Mittagssuppe; allerlei Eßwaren, die man [aus] den Bauerndörfern hatte mitgehen lassen, wurden unter der kundigen, aber [*schmutzigen?*] Hand der Zigeuner Mutter zubereitet.[2] [Vier] halbwüchsige Burschen und Mädels, die in zerlumpten und schmierigen Kleidern [steckten], stippten ab und zu mit den braunen Fingern in den Kessel, um das [Erhaschte] dem [unter Grinsen] [abzulocken]. Selten aber geriet ihnen das Experiment, die Köchin hatte ein wachsames Auge, und meist setzte es einen derben Hieb mittels einer schlanken Rute auf die Finger ab.

Der alte [Danko] saß auf einem Baumstumpf und wärmte sich die Finger und dachte an die Pußta und an ein schmuckes, braunes Madel zurück. Daß man auch in diesem ungastlichen Land den Winter über geblieben war!

„Ja, Bauer, kommt einmal her!" rief eine alte Zigeunerin. „Laßt eure Hand mal lesen; ich deute euch die Linien." Das war auf den Berghofbauer gemünzt, der auf einige [*wenige?*] Schritt vorüberstampfte. Unschlüssig blieb er stehen. Na, er wollte doch mal sehen, was die Alte denn von seiner Zukunft wissen konnte. Und er ging hin.

„Euer Weg endet im Weiß", prophezeite die Zigeunerin, nachdem sie mit [wichtiger, nachdenklicher] Miene die Linienführung in seiner Hand betrachtet hatte.

„Ins Weiß! das läßt sich hören" lobte Wingendorff, „die meisten Leute, selbst meine Frau, sagen: Du rennst mitten ins Verderben, ins Schwarze hinein". Dann warf er einige Nickelstücke unter die

---

[2] Der Antiziganismus, der sich in diesem Abschnitt ausdrückt, liegt offen zutage.

Wegelagerer und war bald hinter der nächsten Wegbiegung verschwunden.

„So, jetzt noch einen kräftigen Schluck und dann sieh zu, wie du das Haus mit recht hohem Gewinn verkaufen kannst", dachte er bei sich.

* * *

Textquellen: Handschrift (4 Blätter, die ersten 3 beidseitig beschrieben) und Reinschrift des ersten Teils (4 Blätter, einseitig beschrieben) aus dem Nachlass im CKA.

S<small>CHAFFT EIN SAUERLÄNDISCHES</small> V<small>OLKSTHEATER</small>!
[Fragment]
Von Anton Joseph Henke

Am 2. Pfingstfeiertage und auf Wunsch vieler noch einmal später, im Herbst, des vergangenen Jahres brachte die Abteilung des S.G.V. Eslohe zwei plattdeutsche Lustspiele des Altmeisters sauerländischer Dialektdichtung, Friedr. Wilhelm Grimmes, zur Aufführung, wodurch sich Darsteller und Leiter den Dank aller echten Heimatfreunde erworben haben. Dank schon deshalb, weil man die beiden Stücke Grimmes wieder ausgegraben hat, die sicherlich mancher gelesen, aber umso weniger gesehen hat; nun mögen sie wohl hier und da auf dem Repertoire einiger Vereinsbühnen gestanden haben, [*durchgestrichen*: aber es waren doch nur] in weitaus den meisten Fällen ließen die naturge-

Einzelhandschrift (1 Blatt; unvollständiger Text) aus dem Nachlass im CKA.

VI.
Hochdeutsche Gedichte aus Zeitschriften

AM MEER

Lau die Lüfte, blau das Meer,
Möwenflug und Seegesang,
doch das Herz ist freudenleer.

Well auf Welle wogt heran,
Well auf Welle wird zerschellt
und erstirbt im Ozean.

Auf der Fläche, sonnenklar,
spiegelt sich dein Lebensbild:
du erschrickst und weinest gar.

<small>Erschienen in: Literaturzeitschrift „Lyrik", Berlin Jg. 1912.
[Text hier nach: Trutznachtigall Nr. 1/1923, S. 3.]</small>

KORNBLUMENKRANZ

Kornblumenkranz ...
Erinnerung und Zuflucht,
Verrauschter Zeiten
Heimlose Sehnsucht.

<small>Poetenklause 1. Jg. (1913), H. 7 Juli, S. 3.</small>

WER WEIß, WO ...

Die Heimat der Sehnsucht –
Wer weiß, wo sie liegt?
Die Blume des Glückes –
Wer weiß, wo sie blüht?
In Not und in Kämpfen –

Wer weiß, wer da siegt?
Des Morgenrots Dauer –
Wer weiß, wo es glüht?

Poetenklause 1. Jg. (1913), H. 7 Juli, S. 4. [in der Ausgabe, die im
Henke-Nachlass vorliegt, fehlen die Seiten 5 und 6, auf den laut
Inhaltsverzeichnis auch Henkes Gedicht „Tagebuchblätter" enthalten ist.]

SONNWENDTAG

Sommersonnenwende!
Das glitzert und gleißt
Ueber Hecken und Raine
Hinüber zum schattigen Buchenhaine.

Sommersonnenwende!
Ein kleines Lied
Ueber die Berge flieht
Und nascht an rotem Munde.

Sommersonnenwende! …
Ein Wörtchen du weißt,
Doch ich frage nicht, wie's heißt –
Wir wissen es ja beide.

Poetenklause 1. Jg. (1913), H. 7 Juli, S. 8.

VOR DEN TOREN

Menschen gibt es, die's nicht fassen
Können, daß das Paradies verschlossen.
Frierend lehnen sie an den Pforten,
Pochen sich die Finger wund.

Und verpassen
Mit ihren Genossen
Das Glück, das allerorten
Freiwerbend blüht in weiter Rund.

Lose Blätter. Verlegt bei B. Schmitz, Höhscheid Solingen. Juli 1914, S. 5.

GLÜCK

Dort hinter den Bergen wohnt das Glück
Ein endlos Wandern, Schweifen,
Nebelferner Sang im Dasein-Zwischenstück, –
Du ermattest, deine Glieder steifen.

Unheimliche Stille – – Schwimmt ein Boot,
In dunkle Wolkenmassen,
Mondbeglänzt, und bringt dein Hoffen, deine Not
Sternenwärts auf lichte Himmelsgassen.

Verdrossen und matt, so wangenbleich
Bekennst du: Nie hienieden
Gibt es Glück – – ein frecher Bubenstreich. –
Weinend gehst du heim und unzufrieden.

Du träumst über einem alten Buch – –
Verstaubt – – – Eselsohren – –
Jugendlust, die einstens dich ins Leben trug.

Lose Blätter. Verlegt bei B. Schmitz, Höhscheid Solingen. Juli 1914, S. 6.

Manchmal

Oft ist's als blickten mich
Die braunen Heilandsaugen
So gütig an –
Auch mich – –
Doch gleich kommt Hohn und Spott,
Dann ist die Welt mein Gott,
Oft ist's, als führten leis
Mich weiche Heilandshände
Vom glatten Spiegeleis –
Wer weiß … ?

Lose Blätter. Verlegt bei B. Schmitz, Höhscheid Solingen. Juli 1914, S. 7.

Gewitterahnung

Gewittergeheimnisstille
Hängt in der Luft,
Schwül-erstickender Erdenduft, –
Die Winde sind eingesperrt.

In schmutzigen Winkelgassen
Wiegt sich der Qualm,
Saugt dem sterbenden Mauerhalm
Die letzten der Säfte aus.

Im Westen ein Schwefelstreifen –
Gelblich verbrämt,
Schlotendunst, der die Lungen lähmt,
Und Beten im Aehrenfeld.

Ein Lüftchen entspringt dem Kerker,
Hüpft dann recht keck,

Wischt den drohenden gelben Fleck
Mit feuchter Wolke aus.

<small>Lose Blätter. Verlegt bei B. Schmitz, Höhscheid Solingen. Juli 1914, S. 8.</small>

DER JUGEND RUF

Nun reißt Euch los von Glück und jungen Rosen,
Hört wie der Schlachtruf gellt, die Stürme tosen!
Da nehmt nur uns're freiheitsstarken Glieder,
dem Vaterland weiht sie und uns're Lieder!

<small>Aus: „Wacht am Rhein – Flugblattfolge vaterländische Dichtung", hrsg. von Willy Paffrath [Text hier nach: Trutznachtigall Nr. 1/1923, S. 4.]</small>

FLIEGERLIED

Bindet die Trosse los,
prüfet die Hebel,
schmeidigt der Wellen Schoss!
Draußen den Nebel
scharf ich zerteile.
Spickt mir den Plan:
Bomben und Pfeile, –
und kurbelt rasch an!

Steige und schwebe du
über der Erde
kühner dem Himmel zu,
neudeutschem Werde!
höher noch schraube
dich in die Luft,
stählerne Taube,
das Vaterland ruft!

Knattern, Propellerschlag,
Wanken und Wiegen –
säume, wer säumen mag,
hurra! wir siegen!
Gott will ich bitten,
eiserner Aar,
daß er uns mitten
im Feuer bewahr.

Kugel, o triff mich nicht,
muß noch den Meinen
drüben vor Tageslicht
zeitig erscheinen,
Kunde zu bringen,
was ich gesehn. –
Rege die Schwingen,
bevor sie uns mähn!

Rötet das Morgendrot,
Vogel, uns beide,
liegen zerschmettert, tot
wir auf der Heide:
Tausende reigen
Nach uns empor,
die schon im Steigen
der Tod sich erkor.

Poetenklause Jg. 1915, H. 2, S. 24.

Die Entgleisten

Wir finden im Leben nimmer heim,
unter Rosen müssen wir weinen:
uns bannt ein längstverklungner Reim
vom Kindsein und Verlorenhaben.

Ins Wandern durch Nebel und Morgengraun
stieben windzerspellte Gebete
und Ruf nach sündhaft schönen Fraun,
umsprüht von wehdurchlohten Zweifeln.

Am Kreuzweg verhallt der letzte Schritt,
Müde sch[l]eichen wir aus dem Leben,
das, früh verloren, uns entglitt
am letzten Meilenstein der Wünsche.

Poetenklause Jg. 1915, H. 2, S. 25.

In Fron

Wir alle gehen in schweren Sielen,
in die das Leben uns gespannt,
kein Mensch ist frei von harten Schwielen,
ein jeder trägt sie unbenannt.

Oft halten inne wir im Ringen
und zögern dann in grauser Fron, –
ob nicht von Freiheit Worte klingen,
erlösungsfroh von fern ein Ton.

Kein Laut verklärt den Lärm der Tage,
mit Ingrimm schleppen wir die Klage:
Die Freiheitsharfen sind verstummt.

Poetenklause Jg. 1915, H. 2, S. 25.

AN STILLEN ABENDEN ...

An stillen Abenden nehmen
oft unsichtbare Hände unser Grämen
wortlos auf ins Glockenläuten
und die Wünsche all, die wildzerstreuten.

Als hätt' die Schwester gebeten,
wir möchten doch im lauten, baldverwehten
Tun der Jugend unsre Seelen
Fleckenlos und rein zu Großem stählen.

Poetenklause Jg. 1915, H. 2, S. 26.

PUßTAFAHRT

Ein Zigeuner war mein Weggenoß
Auf Ungarns blühender Heide,
Von dessen Lippen ein Liedel floß,
Das sang von bitterem Leide.
– – – –
Und es zog ein Bub vom Vaterhaus,
Verließ sein herziges Liebchen, –
Sein Lieb mit heiterem Sinn, gradaus,
Blauaugen, zierlichste Grübchen.
– – – –
Der verbrannte Wandrer mir zur Seit'
Zerspielte Saiten und Laute – –
– – – – – – – –
Und Heiderose und Wegebreit,
Vergißmeinnicht und die Raute – –
– – – –
Und der Tschardasch braust' an uns vorbei,
Im Wein erstarb das Sehnen,

Zigeunerdorfwärts ein weher Schrei –
Doch dann, dann kamen die Tränen.

Poetenklause Jg. 1915, H. 2, S. 27.

SOLDATENLIED

Mit Blumen, Blei und Liedern,
bei dumpfem Trommelschlag
ziehn die Soldaten in die Schlacht
mit Gott schon weit vor Tag.

Der Würfel ist gefallen,
wer sterben muß, der stirbt;
es fließt so manches junge Blut,
daß Keiner mehr verdirbt.

Mein Mädchen, warum weinen?
Schmück dir dein schönes Haar
mit Rosenrot und Unschuldsweiß:
ein Held dein Liebster war!

Poetenklause Jg. 1915, H. 3, S. 42 [leicht abweichende Neufassung ohne Titel in der Sammlung „Mit Blumen, Blei und Liedern"].

WIR

Die wir der Sprache Leben formen,
wir tragen alle eine Krone,
die hebt hoch über eure Frone
und ist uns werter als Haufen Gold.
Oft ist sie auch ein Fluch, und rollt
klanggedämpft in den Staub.

Und um uns quält ein tiefes Dunkel.
Wir tasten dann mit wunden Händen
entlang uns an den schwarzen Wänden
– die Kerzen starben beim ersten Wind –
wir stehn verhärmt wohl wie ein Kind,
fingernd stumm in dem Staub.

Poetenklause Jg. 1915, H. 3, S. 42.

AM RANDE

Als einstens ich zum Wanderstabe griff,
scholl's mir in banger Sorge nach: Wohin?
Froh lacht ich auf, da ich die Frage nicht begriff, –
Die Welt ist weit, die Sonne meine Königin!

Wohl sah ich viele stumm beisammenstehn,
die weg- und zielverwandert, müd und bleich,
die nassen Augen tiefgesenkt. – Im Weitergehn
gedacht ich nur des Blaus im fernen Sehnsuchtsreich.

Doch wer zu viele Sommer draussen liegt,
zersehnt sich brach und findet keine Rast.
Und herbstlaubüberschüttet, meine Hoffnung siecht –
o sagt, warum mich das Wohin so herb erfasst!

Ein trübes Lebewohlsagenkönnen diesen dunklen Hainen!
Ich irr allein – von fernher klingt verhaltnes Weinen.

Poetenklause Jg. 1915, H. 3, S. 45.

DIE SCHÖNE ZEIT

Nun singt der Lenz allenden
vielstimmig wieder sein Lied
und streut aus übervollen Händen
die Saat der Freude aus.

Die Scholle schreit nach Samen –
he! Sämann, banne den Schlaf!
Verliebte schneiden ihre Namen
in Lind' und Buchenbaum.

Und große Kinder pflücken
die ersten Blumen im Wald
und bauen goldne Sonnenbrücken
zum weiten Sehnsuchtsland.

Poetenklause Jg. 1915, H. 4, S. 55.

ERLÖSCHENDE EIGENART

So manches Wort ging schon dahin,
gar manches Lied klingt nicht mehr in den Tälern,
wir nahmen längst der Neuzeit Truggewinn
für altererbten Ahnenbrauch.
Kein Eulenloch schützt unsre Hütten,
kein Maibaum prangt auf unsern Höfen mehr –
Jahr und Arbeit werden schmucklos und leer.

Wer spielt noch auf zum Erntekranz,
wer mag noch spät beim Kienspanlicht erzählen,
aus halbvergeßnen Sagen einen Kranz
zu winden für das junge Volk?
Mit Zahl und Metermaß zerstückelt

man unentwegt die schöne Heimatflur,
stapft in schnöden Geldes schmutziger Spur.

Wenn jährlich noch auf Hang und Höhn
die Osterfeuer ihre Brände recken,
verglimmend mahnen sie im Abendwehn:
Durchlebt, was eurer Väter war!
Auf daß kein böser Fluch von Spätern
euch treff für eure Pflichtvergessenheit,
sich erinnernd einer schöneren Zeit.

Poetenklause Jg. 1915, H. 4, S. 61.

WIR KOMMEN

Wir kommen. – Schon ist das Losungswort gefallen,
das uns die große Tat befiehlt.
Jetzt weg, verborgnes Fäusteballen,
wir klammern Eisen mit den Händen, die dick durchschwielt,

Wir sprengen die Türen eurer Kerkerlöcher.
Heraus! wie Freiheit nach euch giert!
Ihr rast dann sturmgeweckt und frecher
zu euren Richtern, die schon niedrigste Angst umschwirrt.

Umgibt auch noch Dunkel euer Freiheitssinnen,
nicht lang mehr mürbt euch harte Fron,
denn wißt: im Sturmschritt eilt von hinnen
der Jugend bester Teil, und ihrer ist Legion – –
wir kommen!

Poetenklause Jg. 1915, H. 4, S. 62.

Osterfeuer in Attendorn (Wikimedia.org: 2009)

LEBEN

Frisch ins Leben hineingelacht!
Laßt die Sorgen im Winde wehen
und den Alltag im Winkel stehen;
pflückt die Blumen in junger Pracht,
ehe der Nebel im Tale braut!
Singt und tanzt in wilden Reigen,
so der Himmel noch über euch blaut,
hängend voller Geigen!
Laßt die Propfen springen,
hell die blinkenden Römer klingen, –
hei! die Welt – wie sonnig und schön!
Stehend auf leuchtenden Jugendhöhn, –
wer weiß, ob wir morgen
im Pflichtbesorgen
uns wiedersehn?

Poetenklause Jg. 1915, H. 4, S. 62.

SCHICKSAL

Du willst den Blick zur Sonne heben,
dich nächtlich zu den Sternen schwingen,
im hellen, klaren Licht zu schweben,
und alles, was dich ans Gemeine bannt,
willst rückwärts werfen du zum Erdenland.
Doch eh' der zweite Flügelschlag getan,
erlahmen deine Schwingen,
du eitler Tor – – ein irrer Wahn!
Und tiefer sinkst du in den Sumpf zurück,
gedenkst voll Zorn des Augenblickes Glück
und Kot und Schmutz bespritzen deine Stirn,
und tausend Martern quälen dein Gehirn.

Bevor du aus dem Sumpf herausgekommen,
sind die Sterne alle ... längst ... verglommen –
und auch die Sonne scheint nicht mehr.

Poetenklause Jg. 1915, H. 5, S. 70.

DIE ZAGEN TAGE

Kleeländer, sonst sommerüppig und reich,
sind schwarzgewirkt und bettelarm;
über Ried und einsamem Teich
kraht spottend nur ein Krähenschwarm.
Der Wind eggt die späten, rostigen Blätter
aus den Baumwipfeln. Und Beter
stocken und lassen die Perlenschnur ruhn. –
Andern Tags nässen graue Nebeltücher
die Erde,
jeden Stundenschlag trinkt die Ferne.
Gram allem schuldbeladnen Werde!
schlössen wir gern die Lebensbücher
und schrieben: Ende! mit unserm Blut.

Poetenklause Jg. 1915, H. 5, S. 70.

DIE HEIMATERDE

Die Schlacht verröchelt im fernen Grund.
Im Spital ein Krieger, unter scharfen Messern
sich windend, des Todes Kuß auf bleichem Mund.
Zuend der Aerzte Kunst und Wissen.

„Erfüllt mir", bettelt er flüsternd-leis,
„wenn mich des Himmels Pracht umsonnt, die letzte Bitte".
Ein Tüchlein dann, heißer Heimatliebe Preis,
hält er in seinen schmalen Händen.

„Ein Kleinod birgt, von besonderm Wert
für mich, dies rotgeblümte Tuch in seinen Falten;
die Mutter gab's ... neunzehnhundertvierzehn. Leert
es über meiner morschen Hülle!

<small>Gedruckte Feldpostkarte [Rückseite beschrieben von Franz Henke, 31.12.1916] mit dem Gedicht „Josef A. Henke: Die Heimaterde" [als Fotokopie im CKA]</small>

*

Postum Veröffentlichtes

„SELBER MITTEN AUS DEM VOLKE ..." (o.T.)

Selber mitten aus dem Volke,
will ich mit ihm leben, sterben,
mit um seine Rechte werben,
wenn Tyrannenhaß uns droht –
und im tiefen Abendrot
lauschen seinen Liedern, Sagen,
die aus längstverschwundnen Tagen
einen Schimmer bess'rer Zeiten
lassen auf die Sehnsucht gleiten,
die in allen Menschen weint
und durch großen Schmerz uns eint –
aus dem Volke, mit dem Volke!

<small>Text hier nach: Trutznachtigall Nr. 1/1923, S. 2.</small>

„Den Felsen, den ich stolz als Kind erstiegen" (o.T.)

[Mit Blick auf die Eröffnung von
Kalksteinbrüchen im Frettertal]

Den Felsen, den ich stolz als Kind erstiegen,
zersplittert Dynamit bald – Stück um Stück,
und alle Steinchen, die die Luft durchfliegen
ritzen mir mein Jugendglück.

Entwurzelt hangen Bäume an den Schroffen,
gekreuzigt von der schnöden Gier nach Geld;
entseelte Blumen, allen Stürmen offen,
klagen an die feile Welt.

Wo Eichen heut noch stuhr den Himmel stützen,
dort atmet morgen schon ein schwarzer Schlot,
Fabriksirenen kreischen, und aus Pfützen
trinken die Forellen Tod.

Ein Feldweg gähnt, verstümmelt, aufgerissen,
kein Bauernfuhrwerk scheuert ihn mehr glatt.
Mein Dorf, wenn Brauch und Sitte bald verschlissen,
wird rasch – eine dunkle Stadt.

Ich weiß, daß nie mit reicher Wanderbeute
beglückt ich in die Berge wiederkehr,
denn schmerzlich ward es mir bewußt: erst heute
hab ich keine Heimat mehr.

Text hier nach: Trutznachtigall Nr. 1/1923, S. 5.

GOTT

Du hast dich selbst erdichtet
abseits von Zeit und Raum.
Wir fühlen: Manchmal streift das niedre Erdenland
dein lichtumstrahlter Mantelsaum.

Zu dir gehen alle Wege
durch Lieb erdaus, erdein;
wir stammeln mutzerbrochen oft auf in tiefer Qual,
in Sünde: Herr, wir sind doch dein!

So bist du unserm Leben
das Buch in Runenschrift,
das auszulesen unserer Jahre Zahl nicht reicht,
in dem man auf kein „Ende" trifft.

Text hier nach: Trutznachtigall Nr. 1/1923, S. 4.

MEIN ENGEL

Etwas Leises, Scheues, ewig Treues
seitet sich mir Tag und Nacht,
zuckt in sich zusammen, wenn ein neues,
sündhaft Feuer in dem Herzen jäh entfacht.

Etwas Stilles, Gutes meines Blutes
betet für mich in Gefahr,
daß ich unabwendbar frohen Mutes
für das Edle mich verschwende – immerdar.

Etwas Weiches, Zartes, Ungelahrtes,
kindisch Offnes tastet drein,
purpurn blüht und reift ein Reinbewahrtes ...
Dieses alles: muß mein guter Engel sein!

Text hier nach: Trutznachtigall Nr. 1/1923, S. 4.

VII.
Die hochdeutsche Kriegsgedichtsammlung „Mit Blumen, Blei und Liedern" (1916)

JOSEF A. HENKE

MIT BLUMEN, BLEI UND LIEDERN

Verse vom Kriegspfad

COELN
NEBESCHE VERLAGSDRUCKEREI

MIT BLUMEN, BLEI UND LIEDERN" (o.T.)

Mit Blumen, Blei und Liedern,
bei dumpfem Trommelschlag
ziehn die Soldaten in die Schlacht
mit Gott schon weit vor Tag.

Der Würfel ist gefallen,
wer sterben muß, der stirbt;
es fließt so manches junge Blut,
das keiner mehr verdirbt.

Mein Mädchen, warum weinen?
Schmück dir dein weiches Haar
mit Rosenrot und Unschuldsweiß:
ein Held dein Liebster war!

[Abweichende Erstveröffentlichung u.d.T. „Soldatenlied"
in: Poetenklause Jg. 1915/H. 3, S. 42]

DER KRIEG UND WIR

I.
Mitten im Komödienspielen wurden alle verwirrt, –
ein Pfeil war in die Halbheit gesirrt;
ein jähes Erkennen und Wissen
räkelte sich von Polstern und Kissen.

Millionen von Menschen sprachen ein einzig Wort,
wurden reifer Entschluß und einende Tat,
Millionen gaben sich selbst gemeinsamen Hort
und säten sich, schon keimende Saat.
Millionen schürten in sich köstliche Glut
und weihten betend ihr hämmerndes Blut.
Hunderttausende, die auf dem Vormarsch erlagen,

Sturmabwehrende, die von Farbigen* erschlagen,
Millionen duckten sich in Sappen, in Graben.
Wie viele blieben vom Drahtverhau,
von der Sonne gedörrt, zerhackt von den Raben,
wie viele verschwanden spurlos im fremden Gau?
Und Bäche von Tränen wühlen –
und treiben die Steine der gräßlichen Mühlen.

II.
Der Heerwurm kriecht auf allen Wegen,
und Gottes Fuß zertritt ihn nicht,
Engel und Heilige mit ihrem Segen
lassen uns beten wie zum Gericht.
Wir wurden Tiere,
stumpf in Mord und Blut,
berußt in Feuers sengender Glut.
Oft stählerne Wetter,
stieß uns Eiter aus und Geschwüre –
im Fanfarengeschmetter –
sind wir steter Ruf nach Frieden.

*Vgl. zu den Mythen über „farbige Soldaten": Seite 46 der Einleitung.

Unser Sehnen

Wir wissen kaum,
daß einmal Friede war –
so tief hängt unserer Fahne Saum
im Blut.

Deutschland, bist wie ein Märchen,
wenn wir dich erwähnen –
wie Zusammenklingen goldner Aehrchen,
o trautes Deutschland-Sehnen!

FREUNDE – BRÜDER

Der drüben durch die Scharte
nach meinem Schatten lugt und zielt,
er war vielleicht mein Freund auf hoher Warte, –
wie grausam doch das Leben spielt!

Wir sprachen beide: Morden
will ich den Feind, wo ich ihn faß, –
einjeder trägt schon Bänder böser Orden –
in Liebe wandelt sich der Haß.

Ich weiß, daß ihm von Rosen
die Schwester bunte Kränze reicht,
daß eine Mutter ihr, der Makellosen,
besprengte Kerzen für ihn weiht.

Mir ist, als ob der Stunde
ganz seltner Hauch uns beide träf.
Die Kugel stockt und scheut die Wunde,
das rote Blut aus Herz und Schläf'.

Der Haßblick trifft das Eisen – –
einjeder träumt von seinem Freund ...
ob er noch lebt, ob wo an stillen Schneisen
sein Grab ein Gitter weiß umzäunt.

UND NUN ...?

Als die Kriegszeit jäh heraufwuchs,
die Batterien donnernd sprachen
und Gewehrkugeln ihr Mordlied zischten,
als aller Dinge Dämme brachen,

dachten viele des hohen Spruchs
vom Auszug der Menschheit nach Neugestaden.

Soldaten ... Kolonnen ... Alleisenschritt ...
und die büßende Volksseele zog mit.

Die Begeisterung, die uferlose
erlebte einen verfrühten Herbst
und sank wie eine sturmgeknickte Rose
tief in den Schmutz.
Wohl nahmen leere Worte sie in Schutz
gegen Tadel und Härte –
man war sich selber Geißel und Gerte.

Gebete bröckeln ab.
Hetären erstehen aus dem Grab.

Und die Volksseele geht zurück,
wehklagend um geschautes, verlorenes Glück!

WILNA

Deine Kirchen überragen Sturm und Flucht,
früh umblitzt die Sonne deiner Türme Gold,
doch bist du Gier und niedre Sucht –
in deine Gebete rollt
ein schweißfeuchtes Kopekenstück;
ein Rubel ist dein Fundament, dein Schacherglück.
Heut kauf ich mir dein Hurra!
morgen bist du einem andern feil.
Du stehst wie eine Dirne da,
deine Kinder schreien im Verrat noch Leben! Heil!
Zu Wilna ... mitten im Krieg ...
befiel mich der Ekel am Geld, an Geldes Sieg.

Glocken im Krieg

1914 schrien wir Sturm
in Deutschlands größter Stund
und viele sahn wir Abschied nehmen.
Heut schließt die Not auch unsern Mund –
der Kaiser ruft auch uns – aus Kirch und Turm.

Hört! wir stehn zum letzten Aufgebot,
Kapelle oder Dom, –
wir gießen Namen, Leib und Seele
gern in den flüss'gen Eisenstrom,
der hinrauscht gen das neue Morgenrot.

Sumpfposten

Vorwerk Katharinenhof. Die Tage
schrumpfen im Wintergewand.
Ein Sumpfstück drängt sich ins Gesträuch
und züngelt am fernen Straßenrand.

Doppelposten. Strauchgedeckt. – Patrouillen.
Nächte voll endloser Last;
ein aufgeweckter Traum erfriert,
und alle Wünsche sterben fast.

Nebelfresken. Geschälte Kiefern hellen.
Birkengeländer am Weg.
Ein Knüppeldamm. Gestolper keucht,
Gefolgschaft Verzagen, schwer und träg.

Sehnsuchtstrunkne Worte fordern Leben,
reicht dafür unsere Kraft? – –

Scheinwerfer kreuzen, gittern Strahl
an Strahl, bis sie ein größres Licht errafft.

Vision

Früh morgens im rüstigen Schreiten
wurden Wälder laut,
tagsüber bis zum Abendstern
ein wundersames Ineinandergleiten.

Nachts waren die Flüsse Begleiter,
Häuser lagen fern,
die heil'ge Blume spross im Licht,
und plötzlich stand ich an der Himmelsleiter.

Die Birkenbäumer Schlacht

Wann denn wird die Schlacht geschlagen,
ist denn nicht erfüllt schon worden,
was der Roten Erde Sagen
farbenvoll und breit erzählen?

Was die Spökenkieker, Träger
schwerer Gabe, träumend schauten,
was der Wissenschaften Pfleger
klar und nüchtern uns entwirrten?

Unzertreten reifen Saaten,
Werl schwamm nicht im Blut, kein Flieger
bombardierte, und Granaten
pflügten nicht die Hellwegfluren.

Oft sind wir zur Schlacht gezogen –
sei's in den Champagnekämpfen,
sei's, als wir die Fronten bogen
unsres Feindes tief in Polen.

War es nicht im Somme-Morden?
Vor Verdun? Und war's nicht sommers
Sturm um Sturm gen bunte Horden,
Sieg des Lichtheers nicht im Süden?

Jeder Krieg, den Deutsche führen
kennt die Birkenbäumer
Schlacht, wenn wir alten Schwüren
treu, uns selber treu stets bleiben.

Wenn Europa nach den Bränden
erst entsühnt, wird Freiseinwollen
unser Volk noch mal entsenden
zu dem letzten Sagentreffen.

GRÜß GOTT!

Ein Dorf in Siebenbürgen.
Der Abend schiebt sich in die Gründe.
Soldatenlied ... und Massenschritt
und drohende Kanonenschlünde;
deutsche Namen ...: Klaus und Jürgen –
Nachsprossen deutscher Siedler,
deutschtreu im Herzen und im Trachten,
jahrhundertelang auf dem Königsboden
lasten gute Frachten.

Fremde Grüße fliegen hin und her –
willkommen, Schutz und Wehr!

Ein steinaltes Männlein
im Graugelock –
sein Tag in Müh und Trott
bleichte das Haar und seinen Hochzeitsrock –
ruft leis den besten Deutschengruß,
und zitternd klingt's: Grüß Gott!

Nachhallend tönt's noch im ersten Gefecht:
Gott zum Gruße, deutsches Geschlecht!

SOLDATEN TRÄUMEN

Dörfer und Heimatwälder ragen aus den Träumen,
prangende Frühlingsalleen,
durch die Kameraden schreiten, die schon längst
gefallen bei dem großen Mähen –
bis die abzulösenden Posten
mit der grellen Buntheit aufräumen.

Bäche aus Deutschland rieseln durch das Heimatsinnen,
Märchen und Sagen erwachen.
Schnellzüge Vergangen brausen schwer heran,
– draus klingt der Jugend Silberlachen –
jählings naht auf blutrotem Schiffe
Bruder Tod in weißlichem Linnen.

WENN DIE ZEIT BANNT ...

Ein Bauer werkte in Lenzgeleucht, –
sein Nacken war steif, von Jahren gebeugt.

Die Hand ermattet' am schütternden Pflug.
Er sann: Ist nicht alles Lüge, List und Trug?

Jedes Glied wollte schier erlahmen,
doch das Volk schrie: Brot! Die Scholle schmachtete nach Samen.

Und daheim wog schwer ein Brief im Schrank;
sein Ältster schrieb zwischen Sturm und Gasgestank

Worte, die Wollen und Taten eng zusammennieten,
daß Kraft und Schwäche sich überbieten:

Jetzt gilt's, da Jung und Alt sich strafft –
entlockt den Ackern höchste Kraft!

Wir dadraußen sind Eisen, glühen zu Stahl,
euch hämmert die Arbeit ein leuchtendes Mal. –

Der Brief! – He! Schimmel, wir müssen uns rackern,
für Kaiser und Reich müssen wir ackern!

So rannen die Stunden tagein, tagaus,
er schleppt' sich aufs Feld, er schleppt' sich nach Haus.

Er kettet sich an Plag und Mühe –
des Abends der letzte, der erste der Frühe.

Als die letzten Körner gesät,
da flochten sich die Schwielenhände zum Gebet.

Und als die Weidenflöten nicht mehr gingen,
vernahm er im Herzen ein seltsames Klingen.

Drei Sätzlein schrieb er dem Sohn ins Feld:
Der Lenz ist getan. Das Gut bestellt.

Gott gebe Gedeihn und reichlichen Segen,
uns allen Mut, uns Kleinen und Trägen!

Die nächste Nacht, umströmt von Maienglöckchenduft,
ließ den Alten rufen nach Licht und Luft.

Kaum daß der neue Tag gebot,
sagten ihn die Nachbaren tot.

Krieg im Nebel

Dichte Nebel hüllen Hang und Höh,
Bergwiesen schlafen wie in tiefem Schnee.
Kaum daß ein Schuß die Stille peitscht;
Einsiedel ist man unter Uniformen.
Rufen schlägt sich breit im Grau
und sät sich spärlich bis zum Astverhau.
Hin zu des Berges Stirne schrauben sich die Schwaden,
man geht und steht ... und träumt und ... sinnt ...
wir denken der toten Kameraden.

Steil gerichtet lauern aus der Schlucht
Geschütze schweigend zu der Berge Wucht.
Leuchtkugeln rauschen krank empor.
Ein Wildbach fährt mit welkem Laub zur Tiefe.
Lieder, die man einmal sang,
nun dämpft verhaltnes Weinen ihren Klang.
Kein Abendrot umzittert uns auf diesen Pfaden,
kein Glockenton rührt unser Herz – –
wir denken der toten Kameraden ...

T: Henke 1916.

VIII.
Die Gedichtesammlung „Meiner Schwester Maria!" (Mai 1916) aus dem Nachlass

Josef A. Henke
GEDICHTE.
Meiner Schwester Maria!

Schützengraben a. der Dünafront
vor Oger-Galle, im Mai 1916.

Heimse ein!

Abseits vom Wege stand ich ganz allein,
als ihr vom lauten Markte kaumt.
Da rieft ihr schafblökend zu mir hin:
Geh her und heimse ein!

Was hab ich Tor? Ich sprang zum grünen Wald
und stopfte meine Taschen voll
von goldner Sonnenstrahlen blankem Gold,
das grell zur Erde wallt.

Dann stieg ich kühn zum schroffen Felsengrat,
entrang mit Liebe und Gefahr
dem stein'gen Boden Edelweiss mit Bedacht,
das ist mein Tag der Malut.

Als mich die Späte heimwärts rief,
gewahrt' ich nicht der Spiesser Spot,
um deren satte Geilheit sorgenvoll
des Tages Enge lief

Bis in die tiefe Nacht sitz ich am Kamin —
— 12. —

Seite aus Henkes Gedichtsammlung für die Schwester (CKA)

WECKRUF!

He! Michel, deine Mütze trägt
seit Jahr und Tag schon fremdes Band!
Statt wenig echtem Gold
zierst du dich mit Welschem Flittertand,
du stehst in Fremdes kargem Sold.
Du hängst den Mantel weltklug nach dem Wind
und reichst zur Augenbind
selbst Sitte, Herz und Mutterlaut.
Horch, der Sturm fährt in die Wälder!
Der Krieg entrollte seine blut'ge Fahne –
fortwirf das fremde, falsche Allerlei,
sei wieder [...?]selbst, sei
nur Deutscher, sei Germane!

„FERN GEHEN DUMPF GESCHÜTZE" (o.T.)

Fern gehen dumpf Geschütze.
Zerschossner Dörfer Brände
röten rings den Himmel,
Leuchtkugeln steigen nächtens im Gelände.
Vögel singen laut vom Frieden.
Unsre Kehlen schnürt gewalt'ger Hass.
Patrouillen schleichen durch den Tau,
wir buddeln vor dem Drahtverhau
und warten auf das Ende des Gefechts.
Morgen heisst es auch für uns:
Zum Sturmgewehr rechts!

ER FIEL

Heut früh traf mich das schlimme Wort: Gefallen.
Ob er ihn starb, den Tod ums Morgenrot –
mein Liebster sang so gern davon –
ob es ihn traf bei Tages letztem Ton …
mein Klagen kennt nur: Er ist tot.

Vielleicht war's just um jene Stund im Garten,
als ich drei roten Rosen für ihn brach,
ja auch als ich im Traum ihn heiss
geküsst, da riss es ihn vom Pfad – wer weiss –
beim ersten Nachtigallenschlag.

Du kehrst dereinst nicht heimwärts mit den andern.
Nun liegt dein letzter Brief in meinem Schoss –,
die frühern streut ich wirr umher –
der letzte Gruss kein, weitrer reicht mich mehr.
Verscharrt im Land … Ich weiß ja bloß:
Er fiel …

DER OBDACHLOSE

Der Regen schneidet durch die Strassen
der [fest]verweinten Stadt;
der Herbst zerrt von den Bäumen
das allerletzte Blatt.

Nun endlich muß ich Herberg suchen,
ich obdachloser Gast –
mir winkt, noch weit zu wandern,
in einem Dorfe Rast.

Wenn schon ich armer Sonnenbruder
im Dorf verleidet bin,
es wartet dort die Mutter
auf mich. Wohlauf! Dorthin!

Noch reicht die Kraft zum Heimwärtswandern;
doch deckt im nächsten März
vielleicht die Heimaterde
ein wegverfahrnes Herz.

MARIA IM SCHÜTZENGRABEN

Nun steht dein Bildnis, hehre Frau
vor unserm Unterstand im Schützengraben;
wir trugen es durch dunkle Nacht und Morgentau
vom hochgelegnen Feldwegrand,
wo es nur Einsamkeit und Tod umgaben.
Maria, halt getreulich Wacht!

Dein Bild, das kein Geschoss zerspellt,
wir stellten es, von Efeu schmuck umwunden,
in eine Nische, die von Rosen überwellt.
Und wer in Eil' vorübergeht,
empfiehlt sich Dir für alle schweren Stunden.
Maria, halt getreulich Wacht!

So haben wir ein Heiligtum
mit wenig Kunst, doch tiefer Lieb' geschaffen;
und wer's zum ersten Mal erschaut, steht still und stumm –
es bannt ihn an den trauten Ort –
was Wunder, dass sich müde Glieder straffen.
Maria halt getreulich Wacht!

Wenn einer auf durchwühlter Flur
ein Blümlein pflückt, der trägt's zu Deinem Bilde,
dort wo sich jäh des Krieges blut'ge Spur
verliert. Gefasst geht's in die Schlacht,
denn wisst: wir stehen unter gutem Schilde:
Maria hält getreulich Wacht!

Des Abends, wenn Gehöfte fern,
in Flammen stehen, knien wir vor Dir nieder;
Maria Maienkönigin, empfiehl dem Herrn
doch unser Flehen und schau herab
auf unsre Bitten und verhaltnen Lieder.
Maria halt getreulich Wacht!

„WIR TAUSCHEN MIT EUCH ÄRMSTEN GERN" (o.T.)

Wir tauschen mit euch Ärmsten gern,
die ihr das Brot in der Heimat Wasser tunkt,
uns gelüstet nicht nach der Reichen Mählern.
Wenn ihr daheim mit unsern Siegen prunkt,
so schaun wir weg mit wehem Herzen –
ihr sollt nicht unsre Tat dadraussen schmälern
mit geifervollen Witzblattscherzen!

Wir gönnen Euch daheim das Glück –
und doch: wir neiden euch jeden Kirchgang,
den ihr tut in eueren Dörfern, Städten,
und jeden schlichten frommen Pilgersang
so ihr nach fernen Gnadenorten
oft wallt, wo fern von schnöden, argen Wetten
ihr Trost erlangt in Gottes Worten.

REITERLIED (im Volkston)

Du Mägdlein, o komm doch mit,
ein Stündlein geht mein Ross im Schritt;
ein Stündlein, genügt das Dir,
zu reiten, zu reiten mit mir?
Husaren, Ulanen und alle Reitersleut,
die küssen, wo ein roter Mund sich beut.

Bis wo die wilden Rosen blühn,
soll Herz zu Herz in Flammen glühn;
dort, wo der lockre Zeisig lacht,
beginnt ja die [weidliche] Jagd.
Husaren, Ulanen und alle Reitersleut,
die küssen, wo ein roter Mund sich beut.

Ade! Ein Kuss auf Hand und Haar!
Ich komm Dich holen übers Jahr.
Das Stundelein ist nun ja um,
nun gehe und frage nicht: warum!
Husaren, Ulanen und alle Reitersleut,
die küssen, wo ein roter Mund sich beut.

Ein Jahr! hab' ich, so eine fragt,
auf süsses Tun, schon oft gesagt – –
ei übers Jahr ins kühle Grab
senkt man wohl mich Toten hinab.
Husaren, Ulanen und alle Reitersleut,
die küssen, wo ein roter Mund sich beut.

Doch Säumen ist der Zeit Gebrest
mein flinkes Ross bricht durchs Geäst.
Was will die Früh vorm Abendrot
schon trauern um künftigen Tod.
Husaren, Ulanen und alle Reitersleut,
die küssen, wo ein roter Mund sich beut.

Wenn die Kanonen schweigen

Wenn die Kanonen einstens schweigen
und mählich alles Leid verebbt,
mit Spaten und Gewehr in Siegerreigen
ich wiederkehr in meiner Heimat Tal –

ob dann die alten Sehnsuchtsweisen
gebieten über meinen Tag,
der mich wie sonst zu jenen abendleisen
und wehen Gängen in die Wüste führt,

ob jener oft besungnen einen
ich weihe wiederum mein Lied,
ob ich auf jenes waldverlorne Weinen
des grossen All vielnächtens horchen muss?

Wenn die Kanonen einstens schweigen, – –
dann lieg ich tot schon wo im Sand;
die Ewigkeit wird sich dann zu mir neigen,
und Saaten ... Ähren ... über meinem Grab.

„Der Himmel senkt die Fahnen nieder" (o.T.)

Der Himmel senkt die Fahnen nieder,
schwer schweben Nebelschwaden auf die Erde,
der Tag schliesst seine müden Lieder –
die weite Welt will weinen.

Die Stille stört kein Ton von Leben,
der sonst in Wald und Grund sich bricht und rundet,
und keiner kann die Nebel heben,
die Weg und Wasser decken.

Man ähnelt einer kranken Pflanze,
die jäh dem Erdreich sich entzieht; ich schreie
nach Gott, und auf mich stürzt das ganze
masslose Leid der Welten.

HEIMSE EIN!

Abseits vom Wege stand ich ganz allein,
als ihr vom lauten Markte kamt.
Da rieft ihr schatzbeladen zu mir hin:
Geh [los] und heimse ein!

Was tat ich Tor? Ich sprang zum grünen Wald
und stopfte meine Taschen voll
von goldner Sonnenstrahlen blankem Gold,
das grell zur Erde wallt'.

Dann stieg ich kühn zum schroffen Felsengrat,
entrang mit Liebe und Gefahr
dem stein'gen Boden Edelweiss und [recht'/ dacht'],
[das] ist mein Tag d[er] [Mahd/Wald].

Als mich die Späte heimwärts rief,
gewahrt' ich nicht der Spiesser Spott,
um deren satte Geilheit sorgenvoll
des Tages Enge lief.

Bis in die tiefe Nacht sitz ich am Rain –
die Sonne stahl den Abend weg,
und meine Blumen liegen welk im Schoss –
zu spät! – – Nun heimse ein! ...

DEN DICHTERN

Das Lied, das einst Herr Walther sang
von Lenz und Frauenliebe,
noch heute schwimmt sein Klang,
gefasst in neue Reime,
ob deutschem Wald und Dorf
und muss der Maschinen schrill Getriebe
gralsuchend übertönen.

Wer in der Dichtung Garten schafft
muss seine Blüten bergen
Vor Sturm und roher Kraft.
Hab acht, dass deine Glocke
nicht nur im Tale klingt;
sie soll ihren Schall auch auf den Bergen,
zu Monsalvat*, bewahren.

*Monsalvat = Montserrat [Berg und Kloster bei Barcelona].

GLÜCK

Sonne in den Augen,
Frühling im Herzen
Von den Lippen stürmt ein märzliches Lied –
und Beten, das tief in der Seele glüht,
eine Heimat voll Märchen und Sagen,
ein Liebmädel zum Küssen und Herzen –
sprecht, wer will [da] noch fragen,
Ist das nicht [wahres] Glück?

BILDCHEN

Gassen und Gänge glitzern grell,
die Sonne singt sacht ihren Sang hinein.
Aus den Fenstern über die Blumenbänke
beugt sich der Kammern grosses Stillesein.
Flachsköpfige Kinder, die Engel der Welt,
wühlen im warmen Strassenstaub, wie Grosse
in Geld und Spezereien; gehen in Laden und Schenke
und helläugeln in das volle Licht.
Vom Tal wächst eine Gestalt hervor –
Brillengefunkel überm goldbeschnittenen Brevier. – –
Die Kinder lassen von Spiel und Tier
und reichen die sandigen Händchen hin: –
Guten Morgen, Herr Pastor!

ABEND

Der Tag hängt seine Laute
im grünen Walde auf,
des Sanges weiche Laute
verklingen über Höh' und Grund.

Ich muss den Pflug noch wenden,
die letzte Furche fällt
ein Restlein Kraft verschwenden,
noch einmal hin und her!

Zu jenem weissen Hause,
das aus der Ferne lugt
ruft mich die grosse Pause,
die sich mit neuer Sehnsucht füllt.

KINDER IM MAI

Kinder singen am grünen Rain:
Vom Mairegen wird man gross,
wir schütteln gleich im Buchenhain
die braunen Käfer los.

Dumm ist unser Schulmeisterlein,
das hält uns den Morgen lang
im dumpfen Saal beim Schieferstein –
dort jauchzt kein Lerchensang.

DAS VOLK BETET

Herr, wielange noch willst du die Geissel schwingen,
wielange noch soll Waffenlärm zu deinem Himmel dringen?
Schreit nicht das [massig] viele Blut zu deinem Thron?
Niederkniet dein Volk im Gebet und frommen Büsserlied –
siehe, dein Sohn
wandelt kreuztragend über leichenbesäte Felder;
o send ihn uns als Friedensmelder
in unsere Hütten!
Das goldene Kalb, vor dem in wirrem Wahn
wir manchen Wollusttanz getan,
trug der Wind im Staub hinweg, –
wir fanden wieder zum [Acker?] den rechten Weg.
Durch unsere Priester lassen wir beim Opfer bitten:
Herr winde an den Wassern deiner Gnade
nochmals empor die Schleuse und lade
uns zum [grossen] Freudenfeste,
das rings die Völker wieder eint, als Gäste!
Gib, dass die düstern Sturmeswolken fliehen,
und lass deine Engel die Friedensglocken ziehen!

Quelle: Handschriftliches Heft mit 20 beschriebenen Seiten, zumeist hochdeutsch; enthalten sind auch die in Abteilung III dieser Dokumentation aufgenommen Mundarttexte: Gedicht o.T. „Im Wienholte flütt de Saap"; Sprüecke I-III].

IX.
Weitere Texte aus dem handschriftlichen Nachlass

Kleine Lieder
Schrieb ich nieder,
Meine Seele /—
Wäg' und wähle!

„Kleine Lieder" (o.T.)

Kleine Lieder
Schrieb ich nieder,
Meine Seele –
Wäg' und wähle!

Handschrift (Einzelblatt) aus dem Nachlass im CKA.

Nach dem Theater

Die Sitze klappern –
Ein dünnes Klatschen läuft noch durch das Haus.
Der Vorhang fällt
Über die Welt
Des Scheins; das Spiel ist aus.

Und schillernde Farben der bunten Stunden
Gehn mit uns – traumumwunden.

Man ist im späten Lärm der Stadt,
Im nebelbehangenen Gelb der Lichter,
Die mit den Bahnen fallen und steigen,
Ein Kind, das ein Märchen gelesen hat,
Oder auch ein Stück von einem Dichter. –
Wir wühlen in alten Hoffnungsgedanken,
Die wirr und doch von tiefer Fülle sind
Und sich um junge Tage ranken –
Ein Sang vom heimlichen Königskind.

Ein großes, freies Heldenwort,
Zerrissene Töne – ein wah[re]r Akkord –
Mimmen noch lang in der Seele.

Mit stillem Beifall und Dankgefühl
Liegen wir spät auf hartem Pfühl.

Einzelhandschrift (Einzelblatt) aus dem Nachlass im CKA.

SENTENZEN (o.T.)

Mit leuchtenden Augen betritt mancher den Weg des Lebens,
um als Blinder im Hafen der Erfahrung zu landen.
  *

Dort, wo die Natur selbst Poesie ist,
scheint manchmal Dichten überflüssig zu sein.
  *

Bewußtsein: Punkt der Zeit.
  *

Die Erkenntnis hat Freude und Reue zu Schwestern.
  *

Jugendlicher Leichtsinn ist größer als die Schatten des Schicksals.

Handschrift (Einzelblatt) aus dem
Nachlass im CKA.

Deutscher Soldat an der Westfront, Stoss- bzw. Sturmtruppler mit einem Karabiner, 1916
(Bundesarchiv Bild 183-R05148)

Propaganda-Urkunde des Kaiserreiches für die Hinterbliebenen erschossener Soldaten (hier ausgestellt für die Frau von Georg Thiel, der 1916 in Verdun den Tod fand).

X.
Verzeichnis zum Nachlass

*Erläuterung:
Zu allen mit Sternchen* gekennzeichneten Texten
liegen im Nachlass auch handschriftliche Transkriptionen
von Claus Henke (einem Neffen des Dichters) vor.

A. Nachlassübergabe

Protokoll und Vereinbarung zur Übergabe des Nachlasses von Joseph Anton Henke (1892-1917) an das Christine-Koch-Mundartarchiv – Claus Henke (Frettermühle) und Maschinen- und Heimatmuseum Eslohe (22.4.2009).

B. Veröffentlichungen über J.A. Henke

Vollständige Zusammenstellung eingearbeitet im Literaturverzeichnis dieses Buches (→S. 229-235).

C. Biographische Zeugnisse

1. Totengedenkzettel für J.A. Henke [Kopie].
2. Schreiben der Deutschen Kriegsgräberfürsorge an Claus Henke, 20.7.1999 (mit Lageplan zum Begräbnisort in Rumänien) [Original].
3. J.A. Henkes Brief an seine Schwester Maria, vom 24. August 1917 [= Fotokopie].

D. Selbständige Veröffentlichungen von J.A. Henke

1. A. J. Henke: *Sauerländische Volkspoesie*. Köln: Verlag Friedrich Wilhelm Rebe o.J. [1913]. [40S.]; dazu in 5 Exemplaren ein Verlagswerbeblatt „Sauerländische Volkspoesie". - Jahresangabe nach: Trutznachtigall Jg. 1923, S. 4.
2. Josef A. Henke: *Mit Blumen, Blei und Liedern*. Verse vom Kriegspfad. Köln [Coeln]: Nebesche Verlagsdruckerei o.J. [1916]. [16.S.] - Jahresangabe nach: Trutznachtigall Jg. 1923, S. 4.

E. Zeitschriften mit unselbständigen hochdeutsche Gedicht-Veröffentlichungen von J.A. Henke

1. *Kornblumenkranz; Wer weiß, wo ...; Tagebuchblätter; Sonnwendtag* (4 hdt. Gedichte v. „A. J. Henke, Köln"). In: Poetenklause 1. Jg. 1913, H. 7 Juli, S. 3, 4, 8. [das Gedicht „Tagebuchblätter" fehlt im vorliegenden, unvollständigen Exemplar].
2. *Vor den Toren; Glück; Manchmal; Gewitterahnung* (4 hdt. Gedichte v. „Anton Joseph Henke"; mit Text über den Autor). In: Lose Blätter. Verlegt bei B. Schmitz, Höhscheid Solingen. Juli 1914, S. 5-8. [2 Exemplare].
3. *Fliegerlied; Die Entgleisten; In Fron; An stillen Abenden; Pußtafahrt* (5 hdt. Gedichte von „A. Jos. Henke"). In: Poetenklause Jg. 1915, H. 2, S. 24-27. [Zeitschrift ab hier mit Verlagsangabe: F.W. Nebe, Köln - anders als beim Heft Juli 1913 ist auf dem äußeren Umschlag der vorhandenen Hefte des Jahrgangs 1915 ein „Eisernes Kreuz mit Eichenlaub" zu sehen].
4. *Soldatenlied; Wir; Am Rande* (3 hdt. Gedichte von „A. Jos. Henke"). In: Poetenklause Jg. 1915, H. 3, S. 42, 45.
5. *Die schöne Zeit; Erlöschende Eigenart; Wir kommen; Leben* (4 hdt. Gedichte von „A. Jos. Henke"). In: Poetenklause Jg. 1915, H. 4, S. 55, 61f.
6. *Schicksal; Die zagen Tage* (2 hdt. Gedichte von „A. Jos. Henke"). In: Poetenklause Jg. 1915, H. 5, S. 70. [2 Exempl.]

7. Feldpostkarte (von Franz Henke, 31.12.1916) mit dem hdt. Gedicht „Josef A. Henke: *Die Heimaterde*" als Motivaufdruck [farbige Fotokopie].

F. Heft „Aus dem Sauerlande"

„Aus dem Sauerlande" (Heft, 20 Seiten) = Entwürfe bzw. „Urschrift" zur 1913 veröffentlichten „Sauerländischen Volkspoesie"; enthält auf S. 3-10 den später darin nicht aufgenommenen Prosatext „*Ein modernes Märchen*"*.

G. Heft „Schillers ‚Räuber'"*

Heft „*Schillers ‚Räuber'* "* (36 beschriebene Seiten mit einem hochdeutschen Aufsatz dieses Titels).

H. Heft „Die braune Scholle" / Anton Joseph Henke

Heft mit Aufdruck „Tagebuch" – mehrere weitere Aufschriften: „Die braune Scholle", „Skizzen und Erzählungen", „Mundart" u.a. [darin 40 beschriebene Seiten].

1. Hochdeutscher Prosatext „*Der rote Jörg*"*
2. Hochdeutscher Prosatext „*Der Einsiedler*"* (2 Fassungen; beide offenbar unvollendet).
3. Mundartfragment „*Sauerl. Volkspoesie: ‚Ach Herr jo! ...'*"
4. Sieben plattdeutschen Prosatexte fortlaufend:
   a. *Wann me kainen Haut oppe hiät**
   b. *Taihn Mark mehr**
   c. *Morgenstund hat Gold im Mund**
   d. *„Klinkhammers Odolf ..."** (o.T.)
   e. *Saat wuahl, awer**
   f. *Iut dr Schaule**
   g. *En Pinneken**
   h. *„Ik mein..."**

I. Vier Mundartprosa-Texte (6 Blätter)

Mundartprosa-Texte – einige Zweitversionen zu H.4 [insgesamt 6 zusammengehörende, einseitig beschriebene Blätter im gleichen Format]
1. *En Pinneken* (1 Blatt; Zweitversion zu →H.4.g).
2. *Wann me kainen Haut oppe hiät* (1 Blatt; Zweitversion zu →H.4.a).
3. *Iut dr Schaule* (1 Blatt; unvollständig; Zweitversion zu → H.4.f).
4. „*Ik mein...*" (3 Blätter, nummeriert; Zweitversion zu → H.4.h).

J. Fünf Einzelmanuskripte in Mundart / mit Mundartbezug
1. Hochdeutscher Prosatext: *Zum Geleit** [Vorwort zu einem geplanten, unbekannten Mundartwerk „Owendröet"] (2 Blätter, einseitig beschrieben).
2. Plattdeutsches Gedicht: *Wiärümme nit?** (1 Blatt).
3. Plattdeutsches Gedicht: *Plattduitsk-Unterricht im Hiemmel* (Bl. 1-4*) (6 pagnierte Blätter, einseitig beschrieben).
4. Plattdeutscher Prosatext: *En gans Klauker** (4 Blätter, einseitig beschrieben).
5. Plattdeutsches Gedicht: *„Min Duarp, en Hius"* o.T. (1 Blatt) [nur eine Fotokopie der Handschrift!].

K. Vier hochdeutsche Prosa-Manuskripte
1. *Das Buch im Sprichwort – Skizze mit Randglossen von A.J. Henke, Frettermühle* (8 großformatige Blätter, einseitig beschrieben, pagniert).
2. *Skizze von A.J. Henke – „Köln, April 1913"* [„Eine halbe Stunde noch ..."] (4 Blätter; beidseitig beschrieben, pagniert 1-8).
3. *Ein Märchen von Anton Jos. Henke* [„Es war einmal ein Winter..."] (4. Blätter; 7 Seiten beschrieben und pagniert 1-7).

4. *„Skizze"*, ohne weiteren Titel [„Als Kind hatte er große Scheu vor fremden Menschen, vor Erwachsenen ..."] (5 Blätter, alle beidseitig beschrieben und pagniert 1-9; am Schluß zwei Stempelaufdrucke, die vermutlich auf den Plan einer eigenen Verlagstätigkeit in Frettermühle hinweisen).

L. Hochdeutsche Prosa „Die Weihnachtsglocken" / Zwei Fassungen

1. *Die Weihnachtsglocken. Skizze von A. Jos. Henke.* (4 Blätter; 7 beschriebene und pagnierte Seiten) [Text offenbar unvollendet].
2. *Die Weihnachtsglocken. Skizze von A. J. Henke.* (4 Blätter, einseitig beschrieben) [= unvollständige Reinschrift zum Vorhergehenden bis Seite 3, erster Absatz].

M. Drei Einzelblätter / Hochdeutsches

1. Gedicht: *Nach dem Theater** (1 Blatt).
2. Gedicht o.T.: *„Kleine Lieder schrieb ich ..."* (1 Blatt).
3. Sentenzen o.T.: *„Mit leuchtenden Augen ..."** (1 Blatt).

N. Drei hochdeutsche Prosatexte / Fragmente

1. *Skizze von A.J.Henke.* = ohne weiteren Titel [„Seit einigen Tagen ging der Lenz wieder ..."; Datumsangabe: „November 1913"] (2 Blätter, 3 beschriebene Seiten).
2. *Henke Frettermühle Schönholthausen i.W.* = Aufschrift links oben. [Textanfang: „nicht allein im alltäglichen Erwerbsleben, auch in der Wissenschaft drängt alles auf Teilung und Spezialisierung ..."; ab dem 2. Absatz Sauerlandbezug] (2 Blätter, beidseitig beschrieben; pagniert mit 2-5; offenkundig Fortsetzung zu nicht bekanntem Text).
3. *Schafft ein sauerländisches Volkstheater!* (1 Blatt; einseitig beschrieben; Anfang eines nur unvollständig erhaltenen Textes).

O. Vier hochdeutsche Handschriftenblätter
(ohne ermittelten Kontext)
1. Kleinformatiger Zettel o.T. [Textanfang: „Es ist derselbe ..."] (pagniert mit: 5, einseitig beschrieben).
2. Ein Blatt o.T. [Textanfang: „als ob ... Anne hatte sich in die Lektüre vertieft"] (beidseitig beschrieben, Pagn. 5-6).
3. *Erkundung der alten Klöster im Sauerland* (1 Blatt, beidseitig beschrieben, ohne Pagnierung, mit aufgeklebten Anteil) [Kontext nicht ermittelt].
4. Blatt mit der Anfangszeile: „*bitte lies auch dies auch dies, nur dir ... gegeben*". (kleinformatiges Blatt; beidseitig beschrieben) [zwei Gedichte; nachträglich mit „Neumann" unterzeichnet].

P. Gedichtsammlung
„Meiner Schwester Maria" vom [ab] Mai 1916

Handschriftliche Sammlung: *„Josef A. Henke: Gedichte. Meiner Schwester Maria! Schützengraben a. der Dünafront vor Oger-Galle, im Mai 1916"*. [Heft: 20 beschriebenen Seiten]

Reihenfolge der Titel: 1. *Weckruf!**; 2. *Er fiel**; 3. *Der Obdachlose**; 4. *Maria im Schützengraben**; 5. *Reiterlied (im Volkston)**; 6. *„Wenn die Abendglocke läutet"** o.T.; 7. *Wenn die Kanonen schweigen**; 8. *Heimse ein!**; 9. Mundartgedicht o.T.: *„Im Wienholte flütt de Saap"*; 10. *Den Dichtern**; 11. *Glück**; 12. *Bildchen*; 13. *Abend**; 14. *Kinder im Mai**; 15. *Sprüecke I-III** (plattdeutsch); 16. *Das Volk betet**.

Q. Zeichnungen von J.A. Henke
1. Gebundenes *„Skizzenbuch Joseph Henke"* [30 Blätter; z.T. mit späteren „Kinderverzierungen" = sekundär!] = Bleistiftzeichnungen, um 1910 angelegt: z.T. mit Datierungen.
2. Eingelegt in das Vorhergehende: *Farbige Karte in Jugendstil* (Ornamente), handgemalt; Aufschrift: „J. Henke: Zeichnungen, Plakate, Kataloge etc.".

XI.
Literatur – Tonträger
(mit Abkürzungen)

Bei allen Quellen, die auch im Internet abgerufen werden können, ist der vorangestellte Kurztitel mit einem Sternchen* versehen.

Bürger 2006 = *Bürger*, Peter: Aanewenge. Plattdeutsches Leutegut und Leuteleben im Sauerland. Eslohe: Maschinen- und Heimatmuseum Eslohe 2006.
Bürger 2007 = *Bürger*, Peter: Strunzerdal. Die sauerländische Mundartliteratur des 19. Jahrhunderts und ihre Klassiker Friedrich Wilhelm Grimme und Joseph Pape. Eslohe: Maschinen- und Heimatmuseum Eslohe 2007.
Bürger 2010 = *Bürger*, Peter: Im reypen Koren. Ein Nachschlagewerk zu Mundartautoren, Sprachzeugnissen und plattdeutschen Unternehmungen im Sauerland und in angrenzenden Gebieten. Eslohe: Maschinen- und Heimatmuseum Eslohe 2010. [Alle in der Einleitung in Kapitälchen gesetzten Namen oder Bezeichnungen verweisen auf Einträge in diesem Nachschlagewerk]
Bürger 2012 = *Bürger*, Peter: Liäwensläup. Fortschreibung der sauerländischen Mundartliteraturgeschichte bis zum Ende des ersten Weltkrieges. Eslohe: Museum 2012.
Bürger 2013 = *Bürger*, Peter: Fang dir ein Lied an! Selbsterfinder, Lebenskünstler und Minderheiten im Sauerland. Eslohe: Museum 2013.
Bürger 2016a = *Bürger*, Peter: Friedenslandschaft Sauerland. Antimilitarismus und Pazifismus in einer katholischen Region. Ein Überblick – Geschichte und Geschichten. Norderstedt: BoD 2016.

BÜRGER 2016b = *Bürger*, Peter (Hg.): Sauerländische Friedensboten. (= Friedensarbeiter, Antifaschisten und Märtyrer des kurkölnischen Sauerlandes: Erster Band). Norderstedt: BoD 2016.
CGK 2014 = *Bürger*, Peter / Raffenberg, Manfred: Josef Anton Henke (1892-1917). Heimat-, Kriegs- und Antikriegdichter. = Christine-Koch-Gesellschaft e.V. Literarische Gesellschaft Sauerland. Kleine Reihe Band 21. Hg. Johann J. Claßen. Brilon: Podszun 2014.
CKA = *Christine Koch-Mundartarchiv* am DampfLandLeute-Museum Eslohe [Internetseite: www.sauerlandmundart.de].
CKG-DOKUMENTATION 2003 = Christine-Koch-Gesellschaft e.V. (Hg.): Sauerländisches Literaturarchiv. Dokumentation 1993-2003. Bearb. *Hans-Josef Knieb*. Schmallenberg: Selbstverlag 2003, S. 9 und 34. [nur knappe bibliographische Hinweise zu Henke]
DAUNLOTS* = daunlots. internetbeiträge des christine-koch-mundartarchivs am maschinen und heimatmuseum eslohe. nr. 1 ff. Eslohe 2010ff. www.sauerlandmundart.de
DAUNLOTS NR. 7* = *Draulzen vertällt* [1949]. Neu herausgegeben durch den Heimatverein für das Drolshagener Land. Bearbeitet von Albert Stahl. = daunlots. internetbeiträge des christine-koch-mundartarchivs am maschinen- und heimatmuseum eslohe. nr. 7. Eslohe 2010. www.sauerlandmundart.de
DAUNLOTS NR. 26* = *Vorgestellt: Peter Sömer* (1832-1902). Lennestadt-Elspe, Werl-Büderich. (= daunlots. internetbeiträge des christine-koch-mundartarchivs am maschinen- und heimatmuseum eslohe. nr. 26). Eslohe 2010. www.sauerlandmundart.de
DAUNLOTS NR. 49* = *Schäfer*, Nikolaus (Bearb.): Plattdeutsche Beiträge der Heimatgrüße aus dem oberen Sauerland 1915-1918. Mundartdokumentation zu einem Feldpostperiodikum der Geistlichkeit des Dekanates Medebach. (= daunlots. internetbeiträge des christine-koch-mundartarchivs am maschinen- und heimatmuseum eslohe. nr. 49). Eslohe 2012. www.sauerlandmundart.de
DAUNLOTS NR. 50* = *Bürger*, Peter: Plattdeutsche Kriegsdichtung aus Westfalen 1914-1918. Karl Prümer – Hermann Wette – Karl Wagenfeld – Augustin Wibbelt. (= daunlots. internetbeiträge des

christine-koch-mundartarchivs am maschinen- und heimatmuseum eslohe. nr. 50). Eslohe 2012. www.sauerlandmundart.de

DAUNLOTS NR. 60* = *Bürger*, Peter: Der völkische Flügel der sauerländischen Heimatbewegung. Über Josefa Berens-Totenohl, Georg Nellius, Lorenz Pieper und Maria Kahle – zugleich ein Beitrag zur Straßennamen-Debatte. (= daunlots. internetbeiträge des christine-koch-mundartarchivs am museum eslohe. nr. 60). Eslohe 2013. www.sauerlandmundart.de

DAUNLOTS NR. 61* = *Bürger*, Peter (Bearb.): Josef Rüther (1881-1972) aus Olsberg-Assinghausen. Linkskatholik, Heimatbund-Aktivist, Mundartautor und NS-Verfolgter. (= daunlots. internetbeiträge des christine-koch-mundartarchivs am museum eslohe. nr. 61). Eslohe 2013. www.sauerlandmundart.de

DAUNLOTS NR. 61* = *Börsch*, Joseph: Min Draulzen. Mundartliches aus Südsauerland. Drolshagen 1917 (1976). (= daunlots. internetbeiträge des christine-koch-mundartarchivs am museum eslohe. nr. 62). Eslohe 2013. www.sauerlandmundart.de

DAUNLOTS NR. 69* = *Georg Nellius (1891-1952). Völkisches und nationalsozialistisches Kulturschaffen, antisemitische Musikpolitik, Entnazifizierung.* – Darstellung und Dokumentation im Rahmen der aktuellen Straßennamendebatte. Vorgelegt von Peter Bürger und Werner Neuhaus in Zusammenarbeit mit Michael Gosmann / Stadtarchiv Arnsberg. (= daunlots. internetbeiträge des christine-koch-mundartarchivs am museum eslohe. nr. 69). Eslohe 2014. www.sauerlandmundart.de

DAUNLOTS NR. 70* = *Josefa Berens-Totenohl (1891-1969), nationalsozialistische Erfolgsautorin aus dem Sauerland.* – Forschungsbeiträge von Peter Bürger, Reinhard Kiefer, Monika Löcken, Ortrun Niethammer, Ulrich Friedrich Opfermann und Friedrich Schroeder. Herausgegeben vom Christine Koch-Mundartarchiv in Zusammenarbeit mit dem Kreisheimatbund Olpe. (= daunlots. internetbeiträge des christine-koch-mundartarchivs am museum eslohe. nr. 70). Eslohe 2014. www.sauerlandmundart.de

DAUNLOTS NR. 72* = *Bürger*, Peter: Dai van der Stroten – Menschen des Straßenlebens in der Mundartlyrik Christine Kochs und in der Geschichte des Sauerlandes. (= daunlots. internetbeiträge des christine-koch-mundartarchivs am museum eslohe. nr. 72). Eslohe 2014. www.sauerlandmundart.de

DONAT 2016 = *Donat*, Helmut: Weihnachten und der Widersinn des Krieges. In: The European. Das Debattenmagazin, 25.12.2016. http://www.theeuropean.de/helmut-donat/11646-versoehnung-von-frontkaempfern-in-den-weltkriegen

GEDENKSINGEN 2000 = *Gedenksingen* [für J.A. Henke] *vereint die ältesten Chöre des Kreises*. In: Sauerlandkurier, 6.8.2000.

GRÜN 1999 = *Grün*, Wolf Dieter: Anton Linneborn und das Dolomitkalkwerk Fretter. In: Senger, Michael (Red.): Kiepe, Pflug und Schraubstock. – Wirtschaftsleben im Sauerland. Hg. Westfälisches Schieferbergbau- und Heimatmuseum Schmallenberg-Holthausen. Schmallenberg 1999, S. 365-372. [mit weiterführenden Literaturangaben]

HENKE 1913 = *A. J. Henke*: Sauerländische Volkspoesie. Köln: Verlag Friedrich Wilhelm Rebe o.J. [1913] [40S.] [Jahresangabe nach: Trutznachtigall Jg. 1923, S. 4; bei „Google books" wird vermerkt: 1914]

HENKE 1916 = *Josef A. Henke*: Mit Blumen, Blei und Liedern. Verse vom Kriegspfad. Köln [Coeln]: Nebesche Verlagsdruckerei o.J. [1916] [16.S.] [Jahresangabe nach: Trutznachtigall Jg. 1923, S. 4.]

HENKE 1922 = *A. J. Henke*: Meyn Duarp [Gedicht, „1916 im Felde entstanden"]. In: Trutznachtigall Nr. 4/1922, S. 125 [Titelblatt]. [erneut in: Heimwacht Nr. 4/1929, S. 107; wie alle veröffentlichten Fassungen von der Handschrift abweichend]

HOFFMEISTER 1923 = *Hoffmeister*, Franz: Unserer besten jungen sauerländischen Toten einer [über J.A. Henke]. In: Trutznachtigall Heft 1/1923, S. 2-6.

KRAUSE 1987a = [*Krause*, Jochen] k.k.: WP-Serie Menschen der Heimat (Folge 63). Anton Joseph Henke. In: Westfalenpost. Olper Kreis-Zeitung, 10.1.1987.

KRAUSE 1987b = *Krause*, Jochen: Menschen der Heimat. Kreis Olpe. Band II. Olpe: AY-Verlag 1987, S. 358-362.

KRAUSE 1992 = [*Krause,* Jochen] k.k.: Sauerländischer Volkspoet: Anton Joseph Henke wurde heute vor 100 Jahren geboren. In: Westfalenpost [Fretter], 23.7.1992.

LP „LIEDER AUS DEM SAUERLAND" 1969 = *Lieder aus dem Sauerland.* Lebendige Heimat. Lieder von Georg Nellius & Theodor Pröpper. Musikalische Leitung: Clemens Tolle (MGV Eintracht Hachen, MGV Cäcilia Sundern). Hg. Landkreis Arnsberg. Münster: Fono Schallplattengesellschaft [ca. 1969]. [LP] [mit niederdeutschem Textblatt] [enthält: Vortrag der Vertonung von Henkes „Meyn Duarp" durch G. Nellius]

LP „PLATTDUITSK IUT'ME SIUERLANNE" 1982 = *Plattduitsk iut'me Siuerlanne.* Hg. Karl-Heinz Strothmann [Kreisheimatpfleger HSK]. Brilon: Podszun 1982. [LP] [enthält: Vortrag der Vertonung von Henkes „Meyn Duarp" durch G. Nellius]

MAXWILL 2015a = *Maxwill,* Arnold (Hg.): Gedichte des Krieges. Lyrik in Westfalen 1914-1918. Eine Anthologie. (= Veröffentlichungen der Literaturkommission für Westfalen Bd. 57). Bielefeld Aisthesis Verlag 2015.

MAXWILL 2015b = *Maxwill,* Arnold (Hg.): Literarische Mobilmachung. Wahrnehmung und Inszenierung des Ersten Weltkrieges in Westfalen. Eine Anthologie. (= Veröffentlichungen der Literaturkommission für Westfalen Bd. 58). Bielefeld Aisthesis Verlag 2015.

MOMMSEN 2004 = *Mommsen,* Wolfgang J.: Der Erste Weltkrieg. Anfang vom Ende des bürgerlichen Zeitalters. Bonn: Bundeszentrale für politische Bildung 2004.

MUNDART-ANTHOLOGIE I = *Sauerländische Mundart-Anthologie.* Erster Band: Niederdeutsche Gedichte 1300 - 1918. Bearbeitet von Peter Bürger. Norderstedt: BoD 2016.

MUNDART-ANTHOLOGIE III = *Sauerländische Mundart-Anthologie.* Dritter Band: Plattdeutsche Prosa 1890 - 1918. Bearbeitet von Peter Bürger. Norderstedt: BoD 2016.

MUNDART-ANTHOLOGIE IV = *Sauerländische Mundart-Anthologie.* Vierter Band: Lyrikbände der Weimarer Zeit. Bearbeitet von Peter Bürger. Norderstedt: BoD 2016.

NELLIUS 1925 = *Nellius*, Georg: Opus 28 [1924]. Snurrewippkes un Häimatlaier. Für Männerchor. Neheim: Sauerländer Musik- und Kunst-Verlag König & Co 1925.
NELLIUS 1935 = *Nellius*, Georg: Werk 63 = Westfälisches Liederbuch. Stimmbuch. Heidelberg: Verlag Hochstein 1935, S. 13.
NEUHAUS 2009 = *Neuhaus*, Werner: Heimat, Volk, Sitte. Zum Selbstverständnis des Sauerländer Heimatbundes in der Weimarer Republik. In: Sauerland Nr. 2/2009, S. 90-95. [Erwähnung von Henkes Gedicht „Den Felsen, den ich stolz als Kind ..." auf Seite 90f].
PADBERG 1954 = *Padberg*, Magdalena [M.P.]: Das sauerländische Porträt. Josef Anton Henke. Ein junger Dichter aus Frettermühle, gefallen am 30. Oktober 1917. In: Unser Sauerland Nr. 9/1954, S. 72. [mit Soldatenbildnis]
PADBERG 1959 = *Padberg*, Magdalena [M.P.]: Ein Frühvollendeter. Josef Anton Henke. In: DeS/De Suerlänner 1959, S. 11. [mit Foto]
PILKMANN-POHL 1988* = *Pilkmann-Pohl*, Reinhard (Bearb.): Plattdeutsches Wörterbuch des kurkölnischen Sauerlandes. Herausgegeben vom Sauerländer Heimatbund e.V. Arnsberg 1988. [Digitalisiert auch im Internet: http://www.sauerlaender-heimatbund.de/html/mundartenarchiv-pdf.html]
PLÜMPE/WIEMANN 1960 = *Sauerländer Heimatlieder.* = Beiträge zur Heimatkunde des Kreises Arnsberg. Heft 1. Bearbeitet von Schulrat Plümpe. Herausgegeben von Schulrat Plümpe und Schulrat Wiemann, Arnsberg [1960], S. 29.
ROST 1990 = *Rost*, Dietmar: Sauerländer Schriftsteller des kurkölnischen Sauerlandes im 19. und 20. Jahrhundert. Hg. Schieferbergbaumuseum Holthausen. Fredeburg 1990.
STERN 1992 = *Stern, der über dem Sauerland geleuchtet hätte.* Poet Anton Joseph Henke aus Frettermühle fand vor 75 Jahren in Rumänien den Soldatentod. In: Siegener Zeitung., 31.10.1992.
VON DER DUNK 2004 = *von der Dunk*, Hermann W.: Kulturgeschichte des 20. Jahrhunderts. Band I. München 2004.
VOSS 1940/2003* = *Voss*, Wilhelm: Fretter und seine alten Höfe. Bigge/Ruhr 1940. – Abschrift nach der Erstauflage 2003. Im In-

ternet: http://www.heimatbund-finnentrop.de/historie/Fretter buch15.11.2004.pdf

WAGENER 2017 = *Ferdinand Wagener* (1902-1945): Gesammelte Werke in sauerländischer Mundart, nebst hochdeutschen Texten. Herausgegeben von Peter Bürger und Wolf-Dieter Grün. Ein Editionsprojekt zur Mundartliteraturgeschichte aus dem Christine Koch-Mundartarchiv am Museum Eslohe in Zusammenarbeit mit dem Heimatbund Gemeinde Finnentrop e.V. [Zur Drucklegung im Frühjahr 2017; in Vorbereitung]

WETTE 2016 = *Wette*, Wolfram: Ernstfall Frieden. Lehren aus der deutschen Geschichte seit 1914. Bremen: Donat Verlag 2016 [2017].

WIGGE 1953 = *Wigge*, Carl: Dichter und Schriftsteller. In: Der Kreis Meschede. Eine monographische Darstellung. Im Auftrag der Kreisverwaltung hg. von Dr. Ludwig Reinold und Dr. Franz Middelmann. Essen 1953, S. 63-69. [S. 68f: über Henke, mit falscher Wiedergabe der Vornamen („A.F. Henke") und Abdruck des Gedichtes „Meyn Duarp"]

WOESTE 1882* = *Woeste*, Friedrich: Wörterbuch der westfälischen Mundart. Herausgegeben von A. Lübben. Norden-Leipzig: Soltau 1882. [Bayerische Staatsbibliothek digital: https://download.digitale-sammlungen.de/pdf/1447798428bsb11023641.pdf]

– Buchhinweise –

Peter Bürger
Forschungsreihe zur Mundartliteratur
Zugleich ein Beitrag zur
Kulturgeschichte des Sauerlandes
www.museum-eslohe.de
www.sauerlandmundart.de

Im reypen Koren.
Ein Nachschlagewerk zu Mundartautoren, Sprachzeugnissen
und plattdeutschen Unternehmungen im Sauerland
und in angrenzenden Gebieten (Eslohe 2010).
ISBN 978-3-00-022810-0

Aanewenge.
Plattdeutsches Leutegut und Leuteleben im Sauerland (Eslohe 2006).
ISBN 3-00-020224-2

Strunzerdal.
Die sauerländische Mundartliteratur des 19. Jahrhunderts und ihre Klassiker
Friedrich Wilhelm Grimme und Joseph Pape (Eslohe 2007).
ISBN 978-3-00-022809-4

Liäwensläup.
Fortschreibung der sauerländischen Mundartliteraturgeschichte
bis zum Ende des ersten Weltkrieges (Eslohe 2012).
ISBN 978-3-00-039144-6

*

Sämtliche Sauerland-Literatur aus dem
Dampf Land Leute-MUSEUM ESLOHE
ist bestellbar über www.museum-eslohe.de (Link: Bücherei).

Buchverkauf vor Ort auch während der Öffnungszeiten des Museums.

– Buchhinweise –

Die neue plattdeutsche Bibliothek:

Sauerländische Mundart-Anthologie

Texteditionen zur Mundartliteraturgeschichte
aus dem Christine Koch-Mundartarchiv
am Dampf Land Leute-Museum Eslohe

Bearbeitet von Peter Bürger

Erster Band:
Niederdeutsche Gedichte 1300 - 1918
Buchfassung ISBN 978-3-8370-2911-6
(Paperback, 340 Seiten; 14,90 €)

Zweiter Band:
Plattdeutsche Prosa 1807 - 1889
Buchfassung ISBN: 978-3-7392-2112-0
(Paperback, 456 Seiten; 16,80 €)

Dritter Band:
Plattdeutsche Prosa 1890 - 1918
Buchfassung ISBN: 978-3-7412-2240-5
(Paperback, 548 Seiten; 16,90 €)

Vierter Band:
Lyriksammlungen der Weimarer Zeit
Buchfassung ISBN: 978-3-7412-7387-2
(Paperback, 580 Seiten; 18,00 €)

Fünfter Band:
Verstreute und nachgelassene Gedichte 1919-1933
Buchfassung ISBN: 978-3-7412-7153-3
(Paperback, 472 Seiten; 15,90 €)

Verlag der Druckfassungen: BoD Norderstedt
Überall im Buchhandel erhältlich.

– Buchhinweise –

Christine Koch
WERKE

Bearbeitet von
Peter Bürger, Alfons Meschede † und Manfred Raffenberg

Band I: Gedichte in sauerländischer Mundart
(256 Seiten – fester Einband;
dazu: Hochdeutsches Arbeitsbuch)

Band II: Erzählungen und andere Prosa in sauerländischer Mundart
(224 Seiten – fester Einband)

Band III: Hochdeutsche Werke
(204 Seiten – fester Einband)

Band IV: Liäwensbauk.
Erkundungen zu Leben und Werk – Biographie
(zahlreiche Fotos, 304 Seiten – fester Einband)

Informationen zum Christine Koch-Mundartarchiv
und weitere Veröffentlichungen im Internet auf:
www.sauerlandmundart.de

*

Musik-CD: MON-NACHT
Siebzehn plattdeutsche Lieder von Christine Koch,
komponiert von Udo Straßer (mit Beiheft zur Übersetzung)

Alle Titel zu Christine Koch erhältlich beim:
Dampf Land Leute-MUSEUM ESLOHE

Homertstraße 27, 59889 Eslohe
www.museum-eslohe.de

– Buchhinweis –

Franz Nolte (1877-1956)
PLATTDEUTSCHE DICHTUNGEN UND BEITRÄGE ÜBER DIE MUNDART DES SAUERLANDES

Herausgegeben von Peter Bürger
Druckfassung zur Digitalausgabe:
Norderstedt: BoD 2016. ISBN 978-3-7412-4205-2
[Paperback; 324 Seiten; Preis: 13,90 Euro]

Der kurkölnische Sauerländer Franz Nolte (1877-1956) aus Hagen bei Sundern konnte sich nur schwer mit der Vorstellung abfinden, dass die plattdeutsche Alltagssprache seiner Kindheit einmal ganz verstummen sollte. Als pensionierter Schulrektor verbrachte er seine beiden letzten Lebensjahrzehnte in Letmathe (heute Stadtteil von Iserlohn). Hier entstanden zahlreiche Mundartdichtungen, aber auch Beiträge über die Eigentümlichkeiten der sauerländischen Mundart und die Förderung des Plattdeutschen Kulturgedächtnisses.

Die hier vorgelegte Gesamtausgabe erschließt überwiegend abgeschlossene Sammlungen aus dem bislang unveröffentlichten Nachlass, darunter einige Texte von beachtlichem Niveau. In der niederdeutschen Literaturgeschichte Südwestfalens kann Nolte nicht übergangen werden. Sein Werk eröffnet aber auch die Möglichkeit, Mentalitäten und Weltbilder früherer Generationen kennenzulernen.

Vorgelegt wird diese sorgfältig bearbeitete Edition zum Literaturprojekt des Christine Koch-Mundartarchivs am Museum Eslohe in Kooperation mit dem Sunderner Heimatbund.

Überall im Buchhandel erhältlich.

– Buchhinweise –

Friedenslandschaft Sauerland

Peter Bürger
Friedenslandschaft Sauerland.
Antimilitarismus und Pazifismus in einer katholischen Region.
Ein Überblick –Geschichte und Geschichten.
ISBN 978-3-7392-3848-7 (204 Seiten; Paperback; BoD 2016; € 12,00)

Peter Bürger (Hg.)
Irmgard Rode (1911-1989).
Dokumentation über eine Linkskatholikin und Pazifistin des Sauerlandes.
ISBN 978-3-7386-5576-6 (230 Seiten; Paperback; BoD 2016; € 9,90)

Peter Bürger / Jens Hahnwald / Georg D. Heidingsfelder
Sühnekreuz Meschede.
Die Massenmorde an sowjetischen und polnischen
Zwangsarbeitern im Sauerland während der Endphase
des 2. Weltkrieges und die Geschichte eines schwierigen Gedenkens.
ISBN: 978-3-7431-0267-5 (440 Seiten; Paperback; BoD 2016 ; € 14,90)

Peter Bürger (Hg.)
Sauerländische Friedensboten.
Friedensarbeiter, Antifaschisten und Märtyrer
des kurkölnischen Sauerlandes: Erster Band.
ISBN: 978-3-7431-2852-1 (524 Seiten; Paperback; BoD 2016; € 15,99)

Überall im Buchhandel erhältlich.